绍兴名贤与传统法律文化

SHAOXING MINGXIAN
YU CHUANTONG FALÜ WENHUA

余钊飞　范侬畴 等 ◎ 著

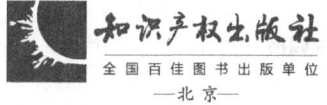

全国百佳图书出版单位
——北京——

图书在版编目（CIP）数据

绍兴名贤与传统法律文化／余钊飞等著．—北京：知识产权出版社，2022.4
ISBN 978-7-5130-7955-6

Ⅰ．①绍… Ⅱ．①余… Ⅲ．①法律—思想史—研究—中国—古代②地方法规—法制史—研究—绍兴—古代 Ⅳ．①D909.2②D927.553.02

中国版本图书馆 CIP 数据核字（2022）第 006013 号

| 责任编辑：李学军 | 责任校对：谷 洋 |
| 封面设计：SUN工作室 韩力君 | 责任印制：刘译文 |

绍兴名贤与传统法律文化

余钊飞 范依畴 等◎著

出版发行：知识产权出版社有限责任公司	网　址：http://www.ipph.cn
社　　址：北京市海淀区气象路 50 号院	邮　编：100081
责编电话：010-82000860 转 8176	责编邮箱：752606025@qq.com
发行电话：010-82000860 转 8101/8102	发行传真：010-82000893/82005070/82000270
印　　刷：北京建宏印刷有限公司	经　销：新华书店、各大网上书店及相关专业书店
开　　本：710mm×1000mm 1/16	印　张：12.25
版　　次：2022 年 4 月第 1 版	印　次：2022 年 4 月第 1 次印刷
字　　数：183 千字	定　价：68.00 元
ISBN 978-7-5130-7955-6	

出版权专有　侵权必究
如有印装质量问题，本社负责调换。

绍兴市司法局、杭州师范大学
"绍兴名人法律思想研究"课题成果

《绍兴名贤与传统法律文化》编写委员会

主　　编	余钊飞
副 主 编	范依畴
成　　员	龚珊珊　金美琴　姜雅雯　乔　祎 屈若璇　童美娜　吴永星　杨旭涛 罗爱军　李博伦　林昕洁　杨彦楚

序

绍兴是一座历史文化名城,有着悠久的历史、灿烂的文化和动人的故事。绍兴历史久远,从文物考古的角度讲,绍兴可能已有七千甚至近万年的历史,探究历史上同属古越之地的余姚河姆渡文化和嵊州小黄山文化,就足以说明绍兴历史文化的久远。绍兴地处东南沿海,是我国古越先民的生息之地。春秋战国时期,以绍兴为中心建立的越国,就定都绍兴。秦汉至三国两晋南北朝时期,这里称"会稽";唐宋时称"越州",南宋以后改称绍兴至今。

自公元前490年越王勾践命范蠡筑城始,绍兴古城至今已走过了2500多年的漫长历史,而且时至今日,其城址一直未变。如此历史悠远且城址未迁移的古城,在江南乃至全国都实属罕见。正因为如此,绍兴被誉为"没有围墙的博物馆"。在绍兴古城,中华上下五千年文明史,几乎都可以有相应的遗存和文物来印证,舜禹遗迹、越国古址、秦汉碑刻、唐宋摩崖、明清故居,等等,都展示着绍兴古城的历史厚重感。

绍兴悠久的历史造就了绍兴的人才辈出,"名士之乡"自古以来就是绍兴的金字招牌,这正是绍兴最令人称绝、最光彩夺目的特征。在《中国人名大辞典》(商务印书馆1921年版)中收录了清朝以前绍兴籍名人五百多人;《中国近现代人名大辞典》(中国国际广播出版社1989年版)中则收录了近代以来绍兴籍名人两百余人。毛泽东曾撰写诗文称赞绍兴为"鉴湖越台名士乡"。历史是人民的历史,但从一定意义上说,历史也不可能离开名人。绍兴钟灵毓秀,人杰地灵,不少绍兴籍名人堪称中华民族的精英和楷模,远有越王勾践,明代有刘宗周、王阳明,近有蔡元培、周恩来、鲁迅,不一而足。他们都为中华民族的文明进步做出了重要贡献。

绍兴悠久的历史也造就了绍兴的思想文化底蕴。从古越的稻作文化、舟楫文化、陶瓷文化、剑文化到现在的兰文化、酒文化、茶文化,绍兴处处散发着浓厚的、有鲜活特色的区域文化。但除此之外,尤其值得关注的是绍兴也孕育了久远的传统法律文化。早在传说的舜帝时期已经在绍兴土地上孕育出了传统法文化，《尚书·舜典》载："皋陶，蛮夷猾夏，寇贼奸宄，汝作士，五刑有服，五服三就，五流有宅，五宅三居，惟明克允。"可见，法律、刑罚、执法观念和法律思想早在虞舜时就已经产生。春秋战国时期，受封于会稽的越王勾践大力实施政治和法治改革，其两位谋臣范蠡、文种协助勾践打败吴王夫差，在政治、法律思想上，他们也提出了别具一格的主张。后世的王充、陆佃、陆游等均在法律思想史上留下精彩的一笔。近代蔡元培，成为开启中国现代教育第一人。早在1912年，他主持起草《大学令》时，就规定大学要建立评议会、教授会等组织，并对它们的权限作了明确的规定。同时，蔡元培还主张"田不自耕不得有"，防止贫富悬殊，两极分化。绍兴名贤在传统法律文化建设方面做出了不可磨灭的贡献，他们得益于绍兴这一方水土，却也将自己的成就惠及整个民族。

本书由杭州师范大学沈钧儒法学院余钊飞教授、中央民族大学法学院范依畴副教授及其团队共同完成，两位青年才俊是我们中国人民大学法律史学科培养出来的优秀学子，以他们对绍兴历史、绍兴名人、绍兴法律文化的认识，编写此书恰逢其人。本书对绍兴名贤与传统法律文化进行归纳、分析、解读，比较系统地向读者展现了绍兴历代名贤充满智慧的法律思想，彰显了绍兴深厚的法治文化底蕴，是一本颇值一读的佳作。

是为序。

赵晓耕

中国人民大学法学院教授、博士研究生导师

目 录

一、上古至夏商周时期 / 001
虞舜 / 003

夏禹 / 011

二、春秋战国时期 / 019
勾践 / 022

范蠡 / 025

三、秦汉至隋唐时期 / 029
王充 / 031

虞翻 / 039

嵇康 / 042

虞预 / 048

王羲之 / 050

四、宋元明清时期 / 055
陆佃 / 058

陆游 / 065

韩宜可 / 072

何鉴 / 075

王阳明 / 079

罗万化 / 088

刘宗周 / 091

沈文奎 / 97

祁彪佳 / 101

黄宗羲 / 107

姚启圣 / 113

袁枚 / 116

朱珪 / 121

汪辉祖 / 125

宗稷辰 / 133

骆照 / 136

五、清末民国时期 / 141

蔡元培 / 143

杜亚泉 / 148

徐锡麟 / 153

秋瑾 / 158

陶成章 / 162

鲁迅 / 166

邵力子 / 173

梁柏台 / 179

后记 / 185

一、上古至夏商周时期

上古至夏、商、西周是中国社会的早期起源时期，也是中国早期法律的起源时期，其法律思想带有从无到有、从崇神到远神的特色。在这一时期，法律思想主要表现为神权法思想和以宗法为核心的礼治思想。神权法思想出现于夏代，极盛于殷商，动摇于西周。奴隶主贵族为了使自己的统治合法化，极力宣扬宗教迷信和鬼神观念，宣称自己是神在人间的代理人，接受"天命"来统治人世，对不服从其统治的人施行"天之罚"。① 夏启讨伐有扈氏时宣称："天用剿绝其命，今予惟恭行天之罚。"② 商汤在讨伐夏桀时同样宣称："有夏多罪，天命殛之"，以"致天之罚"。③

到了西周，神权法思想发生了重大变化。商朝的灭亡，证实了统治者"天命"永存的神话已然失灵，严峻的事实迫使以周公为首的西周统治者不得不另外寻求新的武器，于是便提出了"以德配天"的学说。周公承认夏商以来的"天命"说，但他强调"惟命不于常"④；有德者才可承受天命，失德则失去天命，即"皇天无亲，惟德是辅"⑤，天只眷顾有德的统治者。在西周时期，礼治思想盛行。相传周公"制礼作乐"，将殷商时出现的宗教祭祀仪式即"礼"运用于社会政治领域，形成了礼治。⑥ 周公所制之礼，是道德和法的统一体，既是道德规范，又是法律规范。⑦ 礼是维护奴隶主贵族等级制的工具，它严格维护奴隶主贵族所享有的各种特权以及奴隶主内部上下等级之间的秩序。

---

①⑥　参见杨鹤皋：《略论中国法律思想的发展》，载《中国法学》1988年第3期。
②　《尚书·甘誓》。
③　《尚书·汤誓》。
④　《尚书·康诰》。
⑤　《尚书·蔡仲之命》。
⑦　参见杨鹤皋：《谈谈中国法律思想发展的基本线索》，载《法学》1986年第2期。

舜，相传出生于绍兴余姚，禹则葬于绍兴会稽山。两位上古时代杰出的君主，都与绍兴有着紧密的联系。舜强调德治，主张以德配位、以德治国、以德服人、以德生廉，可以说，他是道德文明的鼻祖。禹作为夏朝的开国君主，除了有治水之功外，还划分天下行政区域，立天子权威以安抚各族，并制定了中国最早的刑律，完善军编，建立了贡赋制度，开创了夏朝的繁荣景象。

一、上古至夏商周时期

虞舜

注：图片来源于360图片.png。*

虞舜，姓姚，名重华，号有虞氏，史称虞舜，轩辕黄帝九世孙，是中国上古时代父系氏族社会后期的部落联盟首领。虞舜是我国上古时期的一位圣君，以贤德孝行闻名于世，与黄帝、颛顼、帝喾、尧并称为"五帝"。《尚书·舜典》记载"德自舜明"。舜倡导做人、持家、治理国家以道德为本。① 舜所处的时期是文明初创并繁荣发展的重要时期，帝舜的"明德"思想集中体现为重德政、行教化以及和谐尽孝，而儒家思想的核心"仁"和"孝悌"即起源于虞舜之道，并继承发扬虞舜思想，成为中国传统文化的核心。② 因此舜帝被称为道德文明的鼻祖，虞舜文化是中华传统文化的重要母源。

以德配位，以德获取治国理政之权

虞舜强调德治，主张以德服人，反对严刑峻法，坚持德主刑辅。虞舜用

---

* 本书中人物图片由作者提供，分别来源于360百科、360图片、搜狗百科、越牛新闻等网络资源。如有侵权，请联系本书作者。

①② 参见李学勤：《专家河东论虞舜》，载《光明日报》2005年10月25日。

刑很慎重，对于犯错误的人，不轻易定罪、处罚，而是以教育为主，强调德治。这里所谓的"德治"实际上是道德教化工作。虞舜大力倡导和推行的德主刑辅的政治主张成为后来儒家仁政学说的基础，这也是儒家将虞舜作为圣君先祖的重要原因之一。

虞舜之仁德使之拥有治国理政的权力。德位并重，德和位是构建社会秩序的必要条件，有德才有位，德是实现天下秩序建构的主体性因素，位是治理天下的外在因素，所以先秦儒家主张"君主应有圣人之德才能实现天下有道"。[①]《孟子》把虞舜的主要德性看成是"仁"与"智"："人之所以异于禽兽者几希，庶民去之，君子存之。舜明于庶物，察于人伦，由仁义行，非行仁义也。"[②]道德是规范人类自身行为的基石，德是一个人内在的秉性。虞舜把伦理与政治融为一体，放大伦理的政治功能，使政治在伦理原则的调节下有序进行。[③]

《尚书·大禹谟》中记录了舜与禹及皋陶的权力移交过程中的对话。（舜）帝曰："格，汝禹！朕宅帝位三十有三载，耄期倦于勤。汝惟不怠，总朕师。"禹曰："朕德罔克，民不依。皋陶迈种德，德乃降，黎民怀之。帝念哉！念兹在兹，释兹在兹，名言兹在兹，允出兹在兹，惟帝念功！"帝曰："皋陶！惟兹臣庶，罔或干予正，汝作士，明于五刑，以弼五教。刑期于无刑，民协于中，时乃功，懋哉！"帝曰："俾予从欲以治，四方风动，惟乃之休。"[④]从这几段对话可以看出，舜选择禹作为接班人完全出于公天下的立场，是"知人善任、知人敢任"的贤人政治的楷模与表率。尽管在禅让过程中，禹再三辞让，但舜认为无论是其个人的德行和才能，还是在民众中的威望和影响力，禹都是接替帝位的最佳人选。虞舜接连用了两个"惟汝贤"来肯定禹的才德，并一再叮嘱：人心危险，道心幽微，要精益求精专心致志，永远保持中道。没有根据的话不要听，没有经过咨询认可的谋划不要用。可见，虞舜对禹的禅让是发自内心的，没有半点虚假与舞弊，这也再一次证明虞舜选贤任能、克己奉公的廉政理念的表里如一。[⑤]

---

① ③ 参见王瑞华：《论虞舜之德与古代社会秩序的建构》，载《湖南科技学院学报》2016年第6期。
② 《孟子·离娄下》。
④ 《尚书·大禹谟》。
⑤ 见杨金砖：《道心惟微：虞舜在齐家治国中的廉政之道》，载《船山学刊》2013年第3期。

一、上古至夏商周时期

根据《尚书·舜典》记载,尧将治理国家的重任委托给舜,并对他进行考验:"纳于百揆,百揆时叙。宾于四门,四门穆穆。"虞舜勤勤勉勉为民服务,忠于职守,很好地完成了总理百官、招待四方宾客等任务,使百官听从命令,各种事务都有条不紊;四方诸侯派来的宾客对舜肃然起敬。尧又派虞舜进入山中的大森林,舜能够经受烈风雷雨的考验而在大森林中不迷失方向,即"烈风雷雨弗迷"。尧非常满意,认为舜谋事周到、言论正确恰当、建议切实可行,通过三年考验,终于放心地将帝位交给了舜。①

虞舜为了更好地了解各地的治理状况,不辞劳苦,多次前往各地视察,并进行定期考绩,"五载一巡守,群后四朝"②。即每隔五年进行一次视察,四方诸侯分别在四岳朝见舜,向舜汇报自己的政绩。舜则明审而谨慎地考察诸侯,对于那些有功绩者赏赐车马衣服以备享用,即"明试以功,车服以庸"。③为了推动属下更好地履行职守,舜创立了考绩制度,"三载考绩,三考,黜陟幽明"④,即每隔三年对官员考核一次政绩,按照三次考核的结果,决定官员的黜陟,将昏庸的官员降职,并将明智的官员升级。可以说这是人类历史上最早的考绩制度,对中国古代的官员考绩制度产生了直接的影响。⑤

虞舜帝勤于政事,不计个人的利害得失,唯以得不到贤能之人而忧,"舜以不得禹、皋陶为己忧"⑥。这种超越一己之私利,努力为天下寻求治理之贤才的管理者才能称得上仁者。对此,孟子高度评价说:"以天下与人易,为天下得人难。"⑦在孟子看来,"以天下与人"只是将天下让给他人,这在尚未确立君主私天下制度的上古时代只是意味着减轻了一分责任和辛劳,所以很容易做到。但"为天下得人"却要怀着"为天下"的公心去寻找为公众谋利益的贤能之才,需要更高的智慧,承担更多的责任。⑧

由于虞舜勤勉敬业,服务于民,深得天下之人心,所以出现了"天下大悦而将归己"⑨的局面。作为统治者,具有威信和感召力是极其重要的,"天下归己"是所有统治者追求的终极目标,但虞舜却对此淡然视之,因为他更为关心的是广大民众的疾苦和全社会的福祉,而不是个人的声名、荣誉

---
①⑤⑧ 付宝新:《中国传说时期管理思想研究》,辽宁科技大学 2008 年硕士学位论文。
②③④ 《尚书·舜典》。
⑥⑦⑨ 《孟子·滕文公上》。

和利益。因此，虞舜不陶醉于"天下将归己"的个人占有欲，不热衷于个人权威的树立。他通过勤于理政、无私奉献以及与下属的良好的沟通协作，取得了民心，使天下归顺。① 这种通过自身的品质，以沟通、协作而达到的有序治理正是现代治理模式所追求的。如此胸襟，非大仁大德大智大功者莫能为也！②

以德治国，虞舜以德规范社会秩序

虞舜在国家治理过程中始终遵循民本精神和民主思想，展现出了卓越的政治智慧和管理水平。孟子说："尧舜之道，不以仁政，不能平治天下。"③ 舜从规范人伦道德入手整顿社会秩序，《尚书》中记载了虞舜丰富的德政思想。

舜是一位修身自律，"浚哲文明，温恭允塞"④ 的厚德之士，这为其推广以德治国奠定了基础。以德治国是通过道德教化来实现社会治理和国家统治，因此，以德治国的推广者本身必须有德，才能真正实现行之有效的德治。

虞舜制定并推行了九德。《尚书·皋陶谟》中记载皋陶为帝舜谋划，提出了"允迪厥德，谟明弼谐"的主张，就是要君主践行古人对德的要求，提出九德之修，"亦行有九德。亦言，其人有德，乃言曰，载采采。……宽而栗，柔而立，愿而恭，乱而敬，扰而毅，直而温，简而廉，刚而塞，强而义"。用九德来检验人的道德品质同时，提出了修德的具体做法："慎厥身，修思永。……在知人，在安民。"⑤ "九德"涵盖了此后先秦儒家倡导的人类一切美德，以"九德"统治天下，也是后来儒家所追求的路径。

舜帝还规范了五典。《尚书·舜典》载："慎徽五典，五典克从；纳于百揆，百揆时叙；宾于四门，四门穆穆。"其中，五典指的是父义、母慈、兄友、弟恭、子孝五种伦常规范。意为理顺了家庭关系，社会和国家自然就和

---

①② 王克群：《研究和弘扬大舜行政思想与实践的当代价值》，载《山西社会主义学院学报》2011年第4期。

③ 《孟子·离娄上》。

④ 《尚书·舜典》。

⑤ 参见王瑞华：《论虞舜之德与古代社会秩序的建构》，载《湖南科技学院学报》2016年第6期。

谐兴旺了。舜还命皋陶制定五刑："皋陶，蛮夷猾夏，寇贼奸宄。汝作士，五刑有服，五服三就。五流有宅，五宅三居。惟明克允！"①皋陶制定一系列法规来约束人们的行为，成为中国早期的刑事立法活动。②据《尚书·舜典》所载，舜把常用刑罚的形状画在器物上，"象以典刑"，让民众见之而有所儆戒。舜强调在使用刑罚手段时必须慎之又慎："钦哉，钦哉，惟刑之恤哉！"他奉行轻刑政策，对以往的刑罚制度进行调整，"流宥五刑，鞭作官刑，扑作教刑，金作赎刑"③，即用流放的办法来代替过去的五刑以示宽大：以鞭笞作为官府的刑罚，以木板作为教化的手段，犯了罪可以用钱赎罪。如若人犯了小错或偶然犯错可以赦免，那些罪过较大而又不知悔改的人则给予严厉的惩罚，即"眚灾肆赦，怙终贼刑"。④

舜"流共工于幽州，放欢兜于崇山，窜三苗于三危，殛鲧于羽山，四罪而天下咸服"⑤。舜在平定叛乱中讲明律令、严格依法，稳定了政权的统治。在推广武力的一手的同时，舜也不忘推行德政、推广德教，并把严酷的刑罚和温和的道德教化有机结合起来。舜以道德教化为统治的基础，以刑罚为辅助，宽大处理对社会危害不大的人，刑罚只用于那些犯罪严重且不听教化者。在舜的德治统治下，各部落之间和睦相处，出现了"无相夺伦，神人以和"⑥的盛世景象。

舜在严格执法的同时，很好地兼顾了亲情和情理。舜有个异母弟叫象，象是一个"至不仁"的恶人。《史记》载："舜父瞽叟盲，而舜母死，瞽叟更娶妻而生象，象傲。"⑦象本性傲狠，对其异母兄舜十分不满，后与父亲瞽叟、母亲一起陷害舜，舜却未对其喊打喊杀，而是"封之有庳"。这件事曾引起后人的质疑。孟子的弟子万章曾问孟子："仁人固如是乎？在他人则诛之，在弟则封之？"⑧孟子回答说："仁人之于弟也，不藏怒焉，不宿怨焉，亲爱之而已矣。"⑨舜是至仁之人，他对弟弟的态度是"不藏怒""不宿怨""亲

---

① ③ ⑤ ⑥ 《尚书·舜典》。
② 参见王瑞华：《论虞舜之德与古代社会秩序的建构》，载《湖南科技学院学报》2016年第6期。
④ 参见吕锡琛：《论舜文化中的行政伦理思想及其现代启示》，中华炎黄文化研究会会议论文，2017年。
⑦ 《史记·五帝本纪》。
⑧ ⑨ 《孟子·万章》。

爱之"，故将其"封之有库"。虽为分封，但这种分封又与常见的分封不同，封之有库的"象不得有为于其国，天子使吏治其国，而纳其贡税焉，故谓之放"①，也就是说，象在自己的封地内无行政管理权，由天子派官吏来治理库，并管理封地内所有缴纳的贡税，实际上是一种流放。舜的这种做法，避免了象在封地内为非作歹、残害百姓。象毕竟是其弟，所以舜对象的处理，既满足了常人之亲情的需要，顾及了手足之情，又剥夺了不仁之弟的行政统治权，避免了任用不仁无德之人残害百姓事件的发生。舜在面临亲情与法律的冲突时，既不失亲属之温情，又恪守了公正公义之原则。

以德服人，虞舜以德感化天下民众

虞舜在社会治理中特别注重道德教化的作用。他主张依靠道德凝聚力形成秩序，使臣民尊崇和奉行道德，依靠道德感化民众，使民顺服，也利用道德教化来协调部落成员之间的关系。孟子就曾以尧舜性善的典范来规劝君主实施仁政，主张用尧舜的人格力量激活人性中的善，建立伦理政治秩序。"舜之居深山之中，与木石居，与鹿豕游，其所以异于深山之野人者几希。及其闻一善言，见一善行，若决江河，沛然莫之能御也。"②在孟子看来，人的善性的形成是受外在的善言和善行影响的，舜也不例外。虞舜善于与民众进行情感交流，"大舜有大焉，善与人同"③。"象忧亦忧，象喜亦喜"④，舜甚至连象这样顽固之人也能教育和感化。

中国古代著名的三皇五帝，他们身上最显著的特征便是具有非凡高尚的品德，能以德服人。孔子所说的"无为而治者，其舜也与？夫何为哉？恭己正南面而已矣"⑤，就是德化天下、无为而治的政治效果。君王以德服人要运用道德的手段，靠道德的力量感化人，而不应用严刑酷法来压制民众使其臣服，民众对君王才会心悦诚服。《韩非子·五蠹》载："当舜之时，有苗不服，

---

① 《孟子·万章》。
② 《孟子·尽心上》。
③ 《孟子·公孙丑上》。
④ 《孟子·万章上》。
⑤ 《论语·卫灵公》。

禹将伐之。舜曰：'不可。上德不厚而行武，非道也'。乃修教三年，执干戚舞，有苗乃服。"①可见，修德能形成政治生活中的人格崇拜，用好自身的道德威望能得天下。②

《史记·五帝本纪》载："舜耕历山，历山之人皆让畔；渔雷泽，雷泽上人皆让居；陶河滨，河滨器皆不苦窳。"虞舜在历山耕种时，常将自己开垦出来的熟地让与那些需要帮助的人，使邻里得以和睦。在雷泽捕鱼时，有其他部落的人要占他的鱼场，他为了避免部族间的战争，二话没说便将鱼场让与他人。可见舜既处处为百姓着想，以百姓为重，乐于助人，也擅长教化人、感化人。历山、雷泽、河滨等地，原先物产匮乏，百姓贫困，常常争讼不断，舜去治理后，不到一两年情况大有好转，百姓生活乐然。原因之一是舜不仅是一个能工巧匠，更是一位注重化解百姓矛盾的好首领，他与百姓和睦相处，相互谦让，公正调解各类争讼，对百姓真诚相待。

对三苗部落的教化，更是突显虞舜的仁政思想。在尧舜时代，三苗部落多生活在江南的崇山峻岭之中，土地贫瘠、生活穷困、官员贪腐、民风悍强，尧曾派禹率兵征伐，但效果很不理想。后来舜实行教化，在三苗地区推行仁政，推行"五典"，传授先进的中原文化，组织劳动生产，让三苗部落从贫穷落后走向了富足强盛，民风也开始淳朴。

《尚书》曰："德惟善政，政在养民。"③"民"一直是虞舜德政思想的落脚点，也是廉政思想的归宿。春秋战国之际的墨子对虞舜的"仁政爱民"理念加以总结，形成了他独有的"兼爱"思想："仁人之事者，必务求兴天下之利，除天下之害。……饥则食之，寒则衣之，疾病侍养之，死丧葬埋之……兼相爱，交相利……此圣王之道，而万民之大利也。"④墨家的"兼爱"思想，是对儒家"爱有差等"的转变，主张爱无差等、爱不分亲疏贵贱。人也该爱万物，养万物，包容万物。这正是对虞舜德政思想最好的延续和继承。⑤

---

① 《韩非子·五蠹》。
② 参见王瑞华：《论虞舜之德与古代社会秩序的建构》，载《湖南科技学院学报》2016年第6期。
③ 《尚书·大禹谟》。
④ 《墨子·兼爱》。
⑤ 参见杨金砖：《道心惟微：虞舜在齐家治国中的廉政之道》，载《船山学刊》2013年第3期。

以德为公,虞舜以德为天下之大利

虞舜严格自律,廉洁奉公,有高度的自我约束能力。尽管家庭环境恶劣,但他始终能孝敬父母,表现出超人的自律性,这种自律在虞舜执政后表现出的就是清正廉洁。舜在即位之初,首先做的工作就是与四方诸侯之长进行沟通,"询于四岳,辟四门",目的是"明四目,达四聪",做到明察四方政务,详细倾听四方的意见。接着又"咨十有二牧",即访问十二州的长官,告诉他们"食哉惟时!柔远能迩。惇德允元,而难任人",意思是说,衣食是民生之本,故须不误农时,应当使远方如同近处一样安定。要培养淳厚的品德,要坚决拒绝任用那些只会花言巧语的奸佞之人。做到了这些要求才能实现安民的行政管理目标:蛮夷率服。他又告诫二十二位负责的官员谨慎执政,"惟时亮天功"。要时时考虑着完成这顺应天意的事业,创立丰功伟绩。舜传位给禹时,告诉他"人心惟危,道心惟微,惟精惟一,允执厥中"。①争名夺利是人之本性,人生来就有欲望,人们要深刻反省才能领悟到它,谨小慎微,把个人的欲望降到最低点,才能做到人格完善。虞舜心怀天下,勤政爱民。舜还曾亲耕于历山,渔于雷泽,陶于河滨,都能以身作则,与民众百姓和睦相处,具有广泛的影响力。舜在统治期间,勤于政事,考察民情,巡行四方。制定了每五年巡视一次的制度,以了解民情,考绩与赏赐。他任人唯贤,亲自考察和任命了二十二位贤人任职,舜还启用大禹治水,并将王位传给禹,被后世传为美谈。②虞舜鞠躬尽瘁,"勤众事而野死"③,在南巡途中以身殉职,被称赞为"以君子之大德,为帝王之称首"④。

---

① 《尚书·大禹谟》。
② 参见王瑞华:《论虞舜之德与古代社会秩序的建构》,载《湖南科技学院学报》2016年第6期。
③ 《礼记·祭法》。
④ (北魏)温子昇:《舜庙碑》。

一、上古至夏商周时期

夏禹

禹，姓姒，名文命，字（高）密。史称大禹、帝禹，为夏后氏首领、夏朝开国君王。在大禹的一生中，有许多重要事件与会稽（今绍兴）有密切的关系。《史记》卷二《夏本纪》记载："十年，帝禹东巡狩，至于会稽而崩。……或言禹会诸侯江南，计功而崩，因葬焉，命曰会稽。会稽者，会计也。"《越绝书》卷八载："禹始也，忧民救水，到大越，上茅山，大会计，爵有德，封有功，更名茅山曰会稽。及其王也，巡狩大越，见耆老，纳诗书，审铨衡，平斗斛。因病亡死，葬会稽。"《国语·鲁语·孔丘论大骨》载："昔禹致群神于会稽之山，防风氏后至，禹杀而戮之，其骨节专车。"《墨子·节葬下》载："禹东教乎九夷，道死，葬会稽之山。"类似的记载还很多，而且大多涉及禹生平中的重大事件。绍兴人杰地灵，在远古时期，就有尧、舜在这里活动的传说（绍兴县稽东镇有"尧廊"）。大禹也曾在这里娶妻生子，且在会稽治水期间"得通水之理"，"帝禹东巡狩，至于会稽而崩"。绍兴与夏禹联系之紧密，使其成为史学家们心目中的大禹"神话中心点"。

划行政区域，立天子权威安抚各族

治水与征三苗均是大禹的主要功绩，对夏王朝的建立起了积极的促进作用，主要表现在以地域划分行政区域及树立天子权威两方面。

《墨子·非攻下》记载："禹既已克有三苗，焉磨为山川，别物上下，卿制大极，而神民不违，天下乃静，则此禹之所以征有苗也。"禹战胜了三苗，并据有其地，划分了山川，把全国划定为"九州"，确立了行政区域，使三苗占有之地也在夏王朝的管辖之下，这对中央王朝的统治至关重要，也是中国历史上第一次对行政区域的正式划定。"按地区来划分国家管治下的人民"是国家和氏族组织第一个不同的地方，可谓是原始社会与奴隶制社会的分界点。恩格斯在谈及雅典社会发展时，曾说："有决定意义的已不是血族团体的族籍，而只是常住地区了；现在要加以划分的，不是人民，而是地区了；居民在政治上已变为地区的简单的附属物了。"①在氏族部落时期，人们依靠血缘关系维系的独立氏族、部落，在行政区域确定后实际上已被冲击乃至摧毁，地区代替氏族成为政治单位，而国家则作为最高阶层以地域安置百姓。

《尚书·禹贡》记载了大禹定九州，划定各州疆域界限，水土治理、物产、交通、贡赋以及划分五服制度等丰功伟绩。在《禹贡》结尾部分提到："九州攸同，四隩既宅，九山刊旅，九川涤源，九泽既陂，四海会同。六府孔修，庶土交正，底慎财赋，咸则三壤成赋。中邦。锡土、姓，祗台德先，不距朕行。五百里甸服：百里赋纳总，二百里纳铚，三百里纳秸服，四百里粟，五百里米。五百里侯服：百里采，二百里男邦，三百里诸侯。五百里绥服：三百里揆文教，二百里奋武卫。五百里要服：三百里夷，二百里蔡。五百里荒服：三百里蛮，二百里流。东渐于海，西被于流沙，朔南暨声教讫于四海。禹锡玄圭，告厥成功。"

---

① 恩格斯：《家庭、私有制和国家的起源》，载《马克思恩格斯选集》（第四卷），人民出版社1995年版，第113页。

大禹统定了九州，四方的土地就可以居住了，九条山脉通过修路就可以通行了，九条河流也都疏通了水源，九个湖泽也都修筑了堤防，四海之内的道路就都畅通无阻了。然后按照与都城的远近创立五服（甸服、侯服、绥服、要服、荒服）制度，设立相关行政管理者，进献赋贡。如此一来，一个全新的涵括东西南北都接受天子德教的国家就初步建立起来了。

《史记》卷一《五帝本纪》记载了尧推举人治水时的过程："尧又曰：'嗟，四岳，汤汤洪水滔天，浩浩怀山襄陵，下民其忧，有能使治者？'皆曰鲧可。尧曰：'鲧负命毁族，不可。'岳曰：'异哉，试不可用而已。'尧于是听岳用鲧。九岁，功用不成。"可以看出，原始社会首领虽然威望高，但是并不能自己决定重大事项，尧不同意推举鲧治水，却无法从本意。但是自禹治水成功后，司法官皋陶"敬禹之德，令民皆则禹。不如言，刑从之"①。禹的天子权威逐步确立并在征三苗后空前强大。对于一个多民族国家来说，如何处理民族关系对政权巩固来说十分重要。《韩非子·五蠹》载："当舜之时，有苗不服，禹将伐之。舜曰：'不可。上德不厚而行武，非道也'。乃修教三年，执干戚舞，有苗乃服。"禹接受舜的建议，果然"干戈不用三苗服"。

此外，大禹率领广大民众征服水患，战胜自然灾害，恢复和发展了社会生产力。这也是先秦诸子歌颂大禹功业的重心之所在。《孟子·滕文公上》云："禹疏九河，瀹济漯，而注诸海；决汝、汉，排淮泗，而注之江：然后中国可得而食也。"《孟子·滕文公下》又云："洚水者，洪水也。使禹治之。禹掘地而注之海，驱蛇龙而放之菹，水由地中行，江、淮、河、汉是也。险阻既远，鸟兽之害人者消，然后人得平土而居之。"《庄子·天下篇》云："昔禹之湮洪水，决江河而通四夷九州也。名山三百，支川三千，小者无数。"《吕氏春秋·开春论》云："禹于是疏河决江，为彭蠡之障，干东土，所活者千八百国。此禹之功也。"②先秦儒家、道家、墨家等都记载并歌颂着大禹治水的功绩，正反映了他们对大禹功业的认可和向往。

---

① 《史记·夏本纪》。
② 参见黄朴民：《先秦诸子之大禹观试说》，载《浙江学刊》1995年第4期。

修订完善刑法，完善军编，建立贡赋制度

在尧、舜时代，中国古代刑律的制订就已经开始。《史记》卷一《五帝本纪》记载舜对皋陶说："皋陶，蛮夷猾夏，寇贼奸宄，汝作士，五刑有服，五服三就；五流有宅，五宅三居；维明能信。"《史记》卷一《五帝本纪》"集解"引马融曰："五刑，墨、劓、剕、宫、大辟。三就，谓大罪陈诸原野，次罪於市朝，同族適甸师氏。既服五刑，当就三处。""正义"载："墨，点凿其额，涅以墨。劓，截鼻也。剕，刖足也。宫，淫刑也，男子割势，妇人幽闭也。大辟，死刑也。"舜制刑律是为了对付"蛮夷猾夏，寇贼奸宄"。

刑律的产生虽始于舜，但是修订完成则是在大禹时期。"夏有乱政，而作禹刑"，可见禹完善刑律的原因与舜制刑的目的一致。《禹刑》的具体内容虽已难以考证，但它确实是中国历史上的第一部法典。自此，对付"蛮夷猾夏，寇贼奸宄"便有了具体的法律惩罚措施。

另外，军事方面，禹在治水时便进行了军事编制，其治水的队伍与征三苗的军队一脉相承。在禹征三苗等战争中，原先的治水大军被重新组建强化，成为当时装备最精良的部队。"禹穴之时，以铜为兵"[①]，可见禹的军队已经以铜作兵器了，而同时代有不少氏族仍以玉石作兵器。

"自虞夏时，贡赋备矣。"[②]孟子说："夏后氏五十而贡。"[③]贡赋制度，是禹在治水过程中逐步确立的。禹每治理一地，便会根据当地的土地优良程度、物产丰匮状况确定该地的贡赋额度。贡赋制度的确定无疑为当时治理地方及保障国家提供了重要的经济来源；而从政治制度上来说，百姓通过贡赋也逐步意识到中央与地方的隶属关系。

禹时期，华夏族管辖的版图进一步扩大，军事力量进一步加强，刑律和赋税制度进一步完备。最重要的是，原始社会迅速解体，中国历史上的奴隶制王朝诞生。

---

① 《孟子·滕文公上》。
② 《史记·夏本纪》。
③ 《越绝书·越绝外传记宝剑》。

一、上古至夏商周时期

大禹是古代制度文明的主要奠基者。关于大禹在制度文明上的建树，主要见于《左传》《史记》等史籍的记载，如"夏有乱政，而作禹刑"①；"禹为姒姓，其后分封"②；"自虞夏时，贡赋备矣"③；等等，内容涉及刑法和刑罚、分封制度、贡赋制度、军事制度、教育制度等诸多方面。这些也可以在诸子百家著述中予以佐证，如《孟子·滕文公上》云："夏后氏五十而贡。"关于教育制度，《孟子·滕文公上》载："夏曰校，殷曰序，周曰庠；学则三代共之，皆所以明人伦也。"关于封禅制度，《管子·封禅》载："禹封泰山，禅会稽。"关于历法制度，孔子曾明确表示"行夏之时"④。至于传子制的确立，更是中国历史上社会嬗递的重大转折点，而它也是在夏禹手中实现的。孟子将这一转变归结为天意："天与贤，则与贤；天与子，则与子"⑤，侧面反映了大禹在中国历史具有承前启后的特殊地位。⑥

《容成氏》中禹之德政

上海博物馆藏战国楚竹书《容成氏》中有一段简文记叙了禹的德政传说。传世文献中多记载了禹治水的功德，很少涉及其他方面的政绩，而《容成氏》弥补了传世文献这方面的不足，《容成氏》记载："舜有子七人，不以其子为后，见禹之贤也，而欲以为后。禹乃五让以天下之贤者，不得已，然后敢受之。禹听政三年，不制革，不刃金，不略矢，田无蔡，宅不空，关市无赋。禹乃因山陵平隰之可封邑者而繁实之，乃因迩以知远，去苛而行简，因民之欲，会天地之利，夫是以近者悦治，而远者自至。四海之内及四海之外皆请贡。禹然后始为之号旗，以辨其左右，思民毋惑。东方之旗以日，西方之旗以月，南方之旗以蛇，中正之旗以熊，北方之旗以鸟。禹然后始行以俭：衣不鲜美，食不重味，朝不车逆，春不穀米，飨不折骨。制孝辰，方为三倍，救声之纪：东方为三倍，西方为三倍，南方为三倍，北方为三倍，以

---

① 《左传·昭公六年》。
②③ 《史记·夏本纪》。
④ 《论语·卫灵公》。
⑤ 《孟子·万章上》。
⑥ 参见黄朴民：《先秦诸子之大禹观试说》，载《浙江学刊》1995年第4期。

甕于溪谷，济于广川，高山升，蓁林入，焉以行政。于是乎治爵而行禄，以让于又吴迥，又吴迥曰：德速裹□表皮尃。禹乃建鼓于廷，以为民之有谒告者鼓焉。撞鼓，禹必速出，冬不敢以寒辞，夏不敢以暑辞。身言□□渊所曰圣人，其生赐养也，其死赐葬，去苛慝，是以为名。禹有子五人，不以其子为后，见皋陶之贤也，而欲以为后。皋陶乃五让以天下之贤者，遂称疾不出而死。禹于是乎让益，启于是乎攻益自取。"

这段文字里提到了几个事件：舜禅让禹，禹五让而受之；禹听政三年，政绩卓越；禹建旗以辨四方；禹制孝辰；禹听讼；禹让位。

在禹听政三年期间，《礼记·缁衣》记载："子曰：禹立三年，百姓以仁遂焉，岂必尽仁？"注曰："百姓效禹为仁，非本性能仁。遂犹达也。"疏曰："言禹立三年，百姓悉行仁道，达于外内。"《缁衣》篇从正文到注疏均只有"禹立三年"之说，但三年执政期间关于禹如何具体施行仁政，《缁衣》篇并没有记述，《容成氏》则详细记载了禹三年如何听政："去苛而行简，因民之欲，会天地之利"。这是明显的保民惠民政策，与燹公盨中禹之"德"一脉相承。正因有这样的保民之政，才有"四海之内及四海之外皆请贡"的盛世局面。

而四海请贡之说，传世文献亦有类似记载。《左传·宣公三年》载："昔夏之方有德也，远方图物，贡金九牧。"此处亦强调有德才有贡。《淮南子·原道训》载："禹知天下之叛也，乃坏城平池，散财物，焚甲兵，施之以德，海外宾伏，四夷纳职。"亦言"施之以德"，足见德政之重要。

禹以身作则，勤俭廉洁，简文云："衣不鲜美，食不重味，朝不车逆，春不穀米，飨不折骨。"其他文献中也有类似记载，如《论语·泰伯》载"子曰：禹，吾无间然矣。菲饮食而致孝乎鬼神，恶衣服而致美乎黼冕，卑宫室而尽力乎沟洫。禹，吾无间然矣。"《说苑·反质》载："禽滑厘问于墨子曰：'锦绣絺纻，将安用之？'墨子曰：'恶！是非吾用务也。古有无文者得之矣，夏禹是也。'"曹植在《夏禹赞》中说："于嗟夫子，拯世济民。克卑宫室，致孝鬼神。蔬食薄服，绂冕乃新。厥德不回，其诚可亲。亹亹其德，温温其仁。尼称无间，何德之纯。"①

关于禹的听政。简文中记载禹建大鼓于廷，冬不敢以寒辞，夏不敢以

---

① 《太平御览·皇王部·卷七》。

暑辞，处理政事从来不懈怠，一切以民众的利益为中心。传世文献中也有类似记述，如《管子·桓公问》："黄帝立明台之议者，上观于贤也；尧有衢室之问者，下听于人也；舜有告善之旌，而主不蔽也；禹立谏鼓于朝，而备讯唉；汤有总街之庭，武王有灵台之复，而贤者进也。"《太公金匮》："禹居人上，慄慄如不满日，乃立建鼓。"① 禹建鼓于廷，亦以声乐而别。所以，又有"禹治天下，以五声听"的说法。《鬻子》治要载："禹之治天下也，以五声听。门悬鼓钟铎磬，而置鞀，以待四海之士，为铭于筍簴曰：'教寡人以道者，击鼓；教寡人以义者，鼓钟；教寡人以事者，振铎；告寡人以忧者，击磬；语寡人以狱讼者，挥鞀。'此之谓五声。是以禹尝据一馈而七起，日中而不暇饱食。……是以禹朝廷间，可以罗雀者。"②《淮南子·氾论训》载："禹之时，以五音听治，悬钟鼓磬铎，置鞀，以待四方之士，为号曰：'教寡人以道者击鼓，谕寡人以义者击钟，告寡人以事者振铎，语寡人以忧者击磬，有狱讼者摇鞀。'当此之时，一馈而十起，一沐而三捉发，以劳天下之民。"

大禹听政，实属非常辛苦，故有云："禹常昼不暇食，而夜不暇寝。方是时，忧务民也。"③《鬻子》一书中有《禹政》篇，但早已亡佚，具体内容无法得知，在今《容成氏》中的相关简文可窥见一斑。

另外，《淮南子》中还有许多关于禹的德行的传说。关于禹的节葬说，《淮南子·齐俗训》载："昔舜葬苍梧，市不变其肆；禹葬会稽之山，农不易其亩。""禹遭洪水之患，陂塘之事，故朝死而暮葬。"④《要略》载："禹之时，天下大水，禹身执虆垂，以为民先，剔河而道九岐，凿江而通九路，辟五湖而定东海，当此之时，烧不暇撌，濡不给扢，死陵者葬陵，死泽者葬泽，故节财、薄葬、闲服生焉。"⑤

《淮南子》中禹的节葬传说来源于墨子，墨子主张"节葬"，正如《淮南子·要略》篇所云："墨子学儒者之业，受孔子之术，以为其礼烦扰而不说，厚葬靡财而贫民，服伤生而害事，故背周道而行夏政。"经过长期战乱之后

---

① 《路史》卷二引《太公金匮》。
② （唐）魏徵等编撰：《群书治要》，天津人民出版社2015年版，第288页。
③ 《太平御览》卷八十二《皇王部七》引《贾谊书》。
④ 《淮南子·齐俗训》。
⑤ 《淮南子·要略》。

汉初，百姓有休养生息的客观需要，所以以"清静无为""与民休息"为主旨的"黄老"思想盛行于统治阶级内部。由于社会现实和政治取向的需要，《淮南子》的作者们在历史叙述中赋予了大禹传说特定的意义。正如海登·怀特所说："历史编撰是一个意义产生的过程。认为历史学家仅仅想讲述有关过去的事实，这是一种错觉。我坚持认为，不管他们是否意识到这一点，他们也想，并且在任何情况下，他们都想赋予过去以意义。"①

关于禹的德行的传说还有一些记载，《左传·襄公二十九年》载："见舞《大夏》者，曰：'美哉！勤而不德。非禹，其谁能修之！'"《战国策·魏策二》记载："昔者，帝女令仪狄作酒而美，进之禹，禹饮而甘之，遂疏仪狄，绝旨酒，曰：'后世必有以酒亡其国者。'"这些记载中，禹的言论行为虽多为后人美化之作，但禹以德政行天下、治天下的事实是无可争议的。

---

① ［美］海登·怀特：《旧事重提：历史编撰是艺术还是科学》，载《书写历史》（第一辑），上海三联书店2003年版，第19页。

二、春秋战国时期

春秋战国是中国历史上大变革、大动乱时代,从社会形态来说,是由奴隶制向封建制转变的时期。在此期间,随着经济的发展,地主阶级的政治实力也逐步壮大,同奴隶主阶级进行了夺权斗争,并相继取得胜利。到战国中期,各主要诸侯国都已建立起自己的政权。这一时期,由于社会的动荡和变革,西周以来的礼治遭到了严重的破坏,出现了"礼崩乐坏"的局面,急需新的制度来维护秩序。在此背景之下,一些有远见卓识的思想家竞相探求治国安邦之术以游说各大诸侯,推广自己的政治主张,出现了百家争鸣、百花齐放、学术繁荣的局面。而法律思想也随着百家之学的繁荣而繁荣。

在这一时期,诸子百家中,儒、墨、道、法四家是当时最主要、最具影响力的学派。这些学派的思想家们,对法的起源、作用、制定与执行,以及法与政治、经济、军事、伦理道德的关系等,都在不同程度上提出了自己的见解和主张,在有些方面还做了深入系统的论述。

儒家学派由春秋末期的孔子创立,以传授礼为主要任务。先秦儒家代表人物除孔子外,还有战国中期的孟子和战国末期的荀子,他们在继承孔子思想的基础上,适应时代的变化,对儒家学说有较大的发展。儒家主张"王道",认为圣人才配作君主,强调"天无二日,民无二王""礼乐征伐自天子出"。在法律思想方面,儒家主张"为国以礼",实行礼治;"为政以德",德主刑辅;恤刑慎杀,反对暴政;"为民制产",轻徭薄赋;重人治,轻法治,等等。可以说,儒家思想继承和发展了西周以来的"礼治"和周公的"明德慎罚"思想,提出了一系列维护"礼治"、提倡"德治"、重视"人治"的法律观点,对秦汉以后的封建社会影响巨大。

墨家学派由春秋末期战国初期的墨子创立。儒、墨两家在春秋战国时期并称"显学",在治国安邦的问题上争论激烈。在先秦各学派中,墨家是代表百姓利益并有反映百姓利益的系统思想理论的学派。墨家提倡"兼相爱,交相利"的法律观、"一同天下之义"的法律起源说和法制统一论、"赏当贤,罚当暴"的刑赏论、维护劳动者权益的经济立法思想等。这些思想具有鲜明的人民性和反对贵族专政的批判精神,表现了小生产者在封建制度建立初期的法律要求。

道家学派相传由春秋末期的老子创立,战国中期的庄子则是道家理论的集大成者。先秦道家学派因其以"无为而无不为"的"道"作为万物的本源和自然界与人类社会的最高主宰而得名。道家主张"道法自然"的自然法思想、无为而治论、废弃仁义圣智说、毁法论、"君人南面之术"等理论。道家的"无为而治"理论,在后来的汉代风靡一时,汉初统治者正是以"黄老之道"治国。

法家学派是春秋战国时期主张"以法治国"的一个学派,萌芽于春秋初期,定型于战国中期。春秋时期的管仲、子产、邓析,都曾是法家学派的先驱,他们在不同程度上提出了一些有关"法治"的初步认识。战国初期的李悝、吴起等人主张的变法取得了显著成效,在"法治"理论方面也作出了新的阐释。到战国中期,商鞅在总结前人"法治"思想和变法改革经验的基础上,探讨了法的基本理论,并形成了较为系统的"法治"理论,成为先秦法家理论的主要奠基者。战国时期法家的代表人物,还有与商鞅同时期重"势"的慎到和重"术"的申不害,以及战国末期集法家学说之大成者韩非子。法家学派旨在讨论法的起源与变法论、"以法治国"论、法的性质和作用、赏刑论、"势治"论、"术治"论、文化专制论等核心问题。

春秋战国之际,绍兴这片土地上亦涌现出一位盖世英才,他正是极富传奇色彩、曾跻身"春秋五霸"的越王勾践。受封于会稽的越王勾践大力进行政治和经济改革,废弃世官世禄制度,任用贤能治国理政;制定人口增殖政策,奖励生育;发展生产,又重视与民休息;重建兵制,赏罚分明。此外,作为勾践的谋臣,范蠡不仅为帮助勾践打败吴王夫差立下赫赫功劳,还在政治法律思想上别具一格。范蠡以道家思想家计然为师，以道家思想作为理论基础，在原来老子"天、地、人、道"的主张之上将"道"排除在体系之外，形成了"天、地、人"三位一体的新的思想体系；他还主张阴阳刑德理论，并重视以农备战。勾践、范蠡以其传奇与哲思，让绍兴名人法律思想的这幅画卷熠熠生辉。

勾践

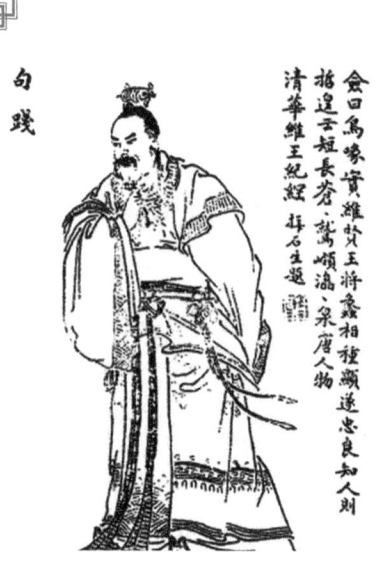

勾践（约公元前520年—公元前465年），春秋末年越国的首领，立国于会稽（今浙江绍兴）。《史记》卷四十一《越王勾践世家》载："允常卒，子勾践立，是为越王。"在他执政期间（公元前496—公元前465年），与吴王夫差进行了数十年的战争，最终在公元前473年冬十一月灭吴，成为"春秋五霸"之一。在勾践的领导下，越国国力空前强盛，并一度迁都琅琊，称霸中原。

越王勾践开展了一系列改革，包括政治、法律、经济、社会等多个领域，制定了领先于其他周边国家的经济、人口等政策，从中可提炼的法律思想在当前看来亦有诸多可取之处。

废弃世官世禄制度，任用贤能治国理政

越王勾践敢于推翻旧宗法统治制，抛弃世官世禄制度，禁止宗法贵族享有高官厚禄、掌握政治军事大权，并向越国国人求贤治国。《国语·越语上》载："凡我父兄昆弟及国子姓，有能助寡人谋而退吴者，吾与之共知越国之政。"[1]

---

[1] 参见李志庭：《从越王勾践的改革看越国的社会性质》，载《杭州大学学报（哲学社会科学版）》1985年第1期。

勾践在危难时刻曾希望一些作为奴隶主贵族的贤人，协助他摆脱危机局势，但是越国的奴隶主阶级早已腐朽无能，根本没有治国用兵之贤人。于是，勾践大胆重用了楚、晋等国新兴的地主阶级改革家范蠡、文种、逢同（楚国人）、计然（晋国人）等人。勾践被围困于会稽时，经常叹息不已："吾终于此乎？"文种对他说："汤系夏台，文王囚羑里，晋重耳奔翟，齐小白奔莒，其卒王霸。由是观之，何遽不为福乎？"①文种给勾践以勇气与力量，增强其灭吴雪耻的信心。勾践在范蠡等人的帮助下被释回越，"卧薪尝胆"，决心报仇，他把"治国政"之行政大权交给文种，把军事大权交给范蠡，充分发挥了两人的才能。勾践归越后"欲使范蠡治国政"，"蠡对曰：'兵甲之事，种不如蠡；填抚国家，亲附百姓，蠡不如种'。"②勾践听从了范蠡的意见。正是由于有一批像范蠡这样的地主阶级改革家佐政，勾践才能治国有方，越国才能振兴富强，最终在公元前473年完成灭吴大业。因而对于勾践的功绩，司马迁评价道："勾践困彼，乃用种蠡。嘉勾践夷蛮能修其德，灭强吴，以尊周室。"③

《吴越春秋》卷十载：勾践在会稽失败后，在国内收买人心，"乃葬死问伤，吊有忧，贺有喜，送往迎来，除民所害，然后卑事夫差"。《史记·越王勾践世家》记载，勾践返回越国后，"折节下贤人，厚遇宾客，振贫吊死，与百姓同其劳"。可见，随着越国社会改革的进行、生产力的发展，勾践不仅重视贤人志士，也很重视底层百姓的利益，团结全国的力量，以振兴国家。

重建兵制，厚赏严罚

越国由于地形的限制，起初在军事上多注重车战和水战。夫椒之战失败以后，勾践虽有反思和转变，但还是"水战则乘舟，陆行则乘舆，舆舟之利，顿于兵弩"④。公元前482年的黄池会盟出现了另外一种情况。这次战争勾践"发习流二千人，教士四万人，君子六千人，诸御千人"⑤。"教士"是经过训练的步兵，从《史记》记载中可以看出，这次战役的步兵占了部队总数

---

① ② ③ ⑤ 《史记·越王勾践世家》。
④ 《吴越春秋·勾践阴谋外传》。

的五分之四。到公元前478年的笠泽之战，不仅担任两翼佯攻的是步兵部队，甚至中军主力也是步兵。这说明越国的军队编制发生了变化，已经有了建制步兵，步兵成了军队中的主力。吴越之地，江河湖泊，纵横交错，地形参差，战车不易展开，舰船亦受限制，步兵正好弥补了它们的不足，而能于吴越之地特殊的地理环境之中游刃有余。所以说，重建军制、建制步兵是勾践实行军事改革的重要一步。①

此外，勾践还在军事改革中强化厚赏严罚的思想。有一次当勾践抱怨诸臣不肯效"主忧臣辱，主辱臣死"之劳时，计然批评他说："夫官位财币，王之所轻，死者，是士之所重也。王爱所轻，责士所重，岂不艰哉？"②勾践接受了大臣们的建议，规定了"常赏""常刑"之制。《韩非子·内储说上七术》记载："越王问于大夫文种曰：'吾欲伐吴，可乎？'对曰：'可矣。吾赏厚而信，罚严而必。君欲知之，何不试焚宫室？'于是遂焚宫室，人莫救之。乃下令曰：'人之救火死者，比死敌之赏；救火而不死者，比胜敌之赏；不救火者，比降北之罪。'人之涂其体，被濡衣而赴火者，左三千人，右三千人，此知必胜之势也"。从此记载中可以看出，当时勾践在军中已制定按战死、胜敌和降敌等不同情况给予相应赏罚的规则。士兵"进则思赏，退则思刑"，部队的战斗力大大提高。有了严明的赏罚制度，士兵才会真正拼命杀敌，保卫国家。③

---

①③ 参见李志庭：《从越王勾践的改革看越国的社会性质》，载《杭州大学学报（哲学社会科学版）》1985年第1期。
② 《越绝书》卷九《越绝外传计倪》。

二、春秋战国时期

范蠡

范蠡（约公元前536年—公元前448年），字少伯，华夏族，春秋时期楚国宛地三户（今河南淅川县滔河乡）人。春秋末期著名的政治家、军事家、经济学家和道家学者。曾献策扶助越王勾践复国。著有《范蠡》二篇，今佚。

范蠡被视为"黄老道"学说承上启下的人物。"黄老道"由原来两汉流行的黄老政治学术思想发展而来，东汉思想家王充说："黄者，黄帝也；老者，老子也。"①战国时期，齐国田氏取代姜氏掌权。为了寻求朝代更换的合理性，田氏以黄帝为尊，认为自己为黄帝之后，而姜氏为田氏之后，自己效仿祖先打败姜氏取而代之具有合理性。到西汉时期，为了更加适应统治阶级的需求，道家结合阴阳学说和其他思想，构建出一套完整的治国理论。《黄帝四经》中也有对"刑"和"德"的论述，"刑"是刑罚治理，"德"既指人的内在品质，又指治理手段即德教。《黄帝四经》认为君主应该这样来治理国家："一年从其俗，二年用其德，三年而民有得，四年而发号令，五年而以刑正，六年而民畏敬，七年而可以正"。②③显示的是尊天重人的思想，与范蠡的"天地与人事相参"的观点内涵相同。除此之外，范蠡对阴阳关系和刑德关系的探究也对"黄老道"思想体系的形成产生了直接影响。

---

① 《论衡·自然》。
② 《经法·君正》。
③ 参见赖世为：《〈黄帝经〉阴阳刑德思想述论》，西南政法大学2006年硕士学位论文。

阴阳刑德理论

在中国古代阴阳学说发展史上,范蠡有三个重要的贡献:一是明确将阴阳纳入道家的宇宙生成体系中,提升了阴阳范畴在中国古典哲学中的地位;二是将阴阳的内涵进一步扩大,用阴阳来指代宇宙中普遍存在的对立面,在此基础上提出了阴阳转化的哲学思想;三是将阴阳学说与政治结合起来,提出了阴阳刑德的理论。①

范蠡继承西周以来传统的阴阳学说和阴阳观念,提出了"阳至而阴,阴至而阳;日困而还,月盈而匡"②的哲学观点,认为这种阴阳之间的互相转化是宇宙、人间一切事物的普遍规律,是"常则""恒制"。他把这种普遍规律运用到政刑领域,形成了独特的阴阳刑德思想理论。

黄老学代表作帛书《黄帝四经》就继承了范蠡的阴阳思想,提出"刑晦而德明,刑阴而德阳,刑微而德章",将刑德与阴阳两两对应起来,形成了所谓的"阴阳刑德"观。范蠡也以"德虐"一词代替刑德:"德虐之行,因以为常;死生因天地之刑。"他认为赏和罚的施行以天地为常法,生和杀的掌握以天地为准则。故帛书《黄帝四经》继承了范蠡"德虐之行"的说法。③

《黄帝四经》认为,阴阳是由道派生的,道是万物的本源,是宇宙的普遍规律。刑德本来是指中国古代治理社会的两种手段,即刑罚制裁和道德教化。范蠡是第一个将阴阳学说与政治结合起来并提出"阴阳刑德"说的人。他认为,刑德在宇宙万物中是普遍存在的,是天道阴阳规律的表现。这为刑德治国找到了终极理论依据。《越绝书·越绝计倪内经》记范蠡之言说:"阴阳万物,各有纪纲。日月星辰刑德,变为吉凶。……是故圣人能明其刑而处其乡,从其德而避其衡。"范蠡认为,自然天象中的日月星辰和人类政治中的刑德都是阴阳之属。范蠡明确提出了阴阳刑德之说,可以说他开启了古代

---

①③ 参见徐文武:《论范蠡对黄老道家思想体系的理论贡献》,载《长江大学学报(社会科学版)》2017年第1期。

② 《国语·越语》。

法律自然化的先河。① 后来马王堆汉墓出土的帛书《黄帝四经》也以刑德问题为其理论核心，并且把刑德与阴阳结合起来，以阴阳作为刑德的自然根据。阴阳刑德思想在中国法律史上具有非常重要的地位，它影响整个封建社会立法与司法的法文化思潮，② 为中国封建法制的体系构建奠定基础。

主张以农备战

在休养生息时，范蠡重视农耕，建议越王以农备战，农战结合。这与后来《商君书》中的"开塞耕战"有共通之处。商鞅的"农战"思想更多是一种功利主义的思想，商鞅为了达到"驱农归战"建立"农战"模式的社会，先以诱导，再以恫吓，最终通过户籍制与什伍连坐将民众牢牢地控制起来。政治上的弱民，经济上的限民，思想上的愚民，使得民众在强权面前变得毫无反抗之力。③ 范蠡的"以农备战"思想虽然看到了农业对国家和战争的影响，但是并没有系统的"以农备战"的策略研究。其理论基础也是道家原来的阴阳学说和范蠡后来升华的以"人事与天地相参"的遵守自然规律的思想。所以范蠡和商鞅对于农业和战争对国家的理解有所不同，所采取的手段因而也不尽相同。

范蠡在沦为亡国之臣、陪勾践在吴为奴期间，就秘密筹划过复兴越国以削弱吴国之术。他酝酿了早期的治理设想，即在经济上实行保民政策，奖励耕织，发展农业生产，保障广大百姓的基本衣食。他认为，民以食为天，"人得食即不死，谷能生人"。因此，要"农末俱利"④，重视农业生产，特别是粮食的生产，在范蠡看来，此乃治国之根基。

当勾践被吴王打败转移到会稽时，范蠡见会稽有两处鱼池，便立即建议："上池宜于君王，下池宜于民臣。蓄鱼三年，其利可以致千万，越国当

---

① 参见徐文武：《论范蠡对黄老道家思想体系的理论贡献》，载《长江大学学报（社会科学版）》2017年第1期。
② 参见赖世为：《〈黄帝经〉阴阳刑德思想述论》，西南政法大学2006年硕士学位论文。
③ 刘斌：《论商鞅"农战"思想》，载《现代交际》2019年第3期。
④ 《史记·货殖列传》。

富盈。"①越国发展渔业后,"三年致鱼三万。"发展渔业,对越国经济复苏起到了很大的作用。范蠡也曾著《陶朱公养鱼经》一书,专门介绍了渔业技术,可以说是世界上最早的养鱼文献之一,虽原书已失传,但从后魏贾思勰的《齐民要术》中还能看到一些残存内容。

范蠡主张发展农业要从国君做起,国君需身体力行。对于君王来说,亲耕实属不易。范蠡不避王者之忌,告诫勾践要想东山再起,君主必须勤于政。勾践听从了他的建议,并付诸于行动,"苦心焦思,置胆于坐,坐卧即仰胆,饮食亦尝胆也。曰:'女忘会稽之耻邪?'身自耕作,夫人自织,食不加肉,衣不重采,折节下贤人,厚遇宾客,振贫吊死,与百姓同其劳"。②勾践"身自耕作",群臣也奔于陇亩,百姓更加辛勤劳作,全体越国人都为国家的富强而奔波。几十年时间,越国由弱到强,公元前484年,越大败吴军,从此称霸于东南。

吴越之战中,越国惨败,越王勾践卧薪尝胆,经过20年的不懈筹划和努力,最终复国成功。在勾践复国的过程中,处处都充斥着范蠡的思想谋略特点,后面的实践结果也证实了范蠡理论的正确性。

---

① 《太平御览》卷九百三十五引《吴越春秋》。
② 《史记·越王勾践世家》。

三、秦汉至隋唐时期

秦始皇平定天下,统一六国,建立起中国历史上第一个统一的中央集权制国家。秦的成功,离不开法家"法治"理论的指导。正因如此,在统一六国后,以嬴政为首的秦朝统治集团仍然崇尚法家的"法治"理论,"作制明法""事皆决于法""以法为教、以吏为师",秦始皇以为单靠严法、重刑就可以统治天下,结果事与愿违,二世而亡。[①]事实证明,单纯的法家"法治"理论在政治实践中破产了。

两汉时期法律思想的发展,大致经历了从黄老"无为",到"独尊儒术",再到谶纬神权法思想的兴盛,最后出现了反谶纬神权法的思潮。在西汉建国之初,长年的战乱使得社会经济已濒临崩溃,百姓流离失所。西汉统治者在严峻的形势下,出于迅速恢复经济、安定秩序、巩固政权的需要,[②]选择了道家的黄老"无为"学说作为治国指导思想,取得了一定的成效。但由于黄老"无为"理论过于消极,到西汉中期,汉武帝好大喜功,一反其先辈"清静无为"的方针,采取积极有为的政策。[③]此时,主张加强专制皇权和维护封建大一统的董仲舒新儒学思想应运而生,并获得了官方的青睐。自此以后,汉初以来思想活跃的局面消失了,儒学逐渐走向谶纬神学化。与此同时,反谶纬神权法思想也相继出现,他们对当时的谶纬虚妄之说进行了严厉的批判。东汉中后期,统治腐朽、政治动荡,一批有见识的思想家开始针砭时弊,他们循名责实,对当时的政治腐败、法制松弛、道德沦丧、谶纬神学等进行了深刻批判,形成了全新的社会批判的思潮。

魏晋南北朝是一个分裂和混乱的时期,充斥着割据豪强之间的争夺和残杀。在这一时期,儒学走向衰落,名法之学、玄学逐渐兴盛。名法学家们主张先秦法家的"以法治国",力图抑制豪强,恢复社会秩序,发展生产,以维

[①][②][③] 参见杨鹤皋:《略论中国法律思想的发展》,载《中国法学》1988年第3期。

护和扩大自己的统治。魏晋玄学继承了道家的思想，将道家学说推到了一个新的高度，玄学家们将名教和自然关系的讨论上升到了哲学的领域。

隋唐是传统中国社会的鼎盛时期，也是正统法律思想的巅峰时期。隋朝一统天下后，统治阶层提出了宽刑简政，"以轻代重、化死为生"，慎刑恤狱等思想。继隋而起的唐朝统治者，"动静必思隋氏"，认真吸取了隋朝二世灭亡的教训，确立了"安人宁国"的方针。他们重新重视儒学，兼采儒、佛、道三教学说，综合运用于治国之中。在法律思想方面，以唐太宗为首的统治集团积极主张"制礼以崇敬，立刑以明威"①，运用礼法结合的方法治理国家；立法必须公平，力求宽简；执法务求其"实"，赏罚分明；发扬"民主"，进谏纳谏。永徽年间的《唐律疏议》，在中国法律思想史上占有重要地位，它集我国古代礼法融合思想之大成，提出了"德礼为政教之本，刑罚为政教之用"的思想，对后世影响极为深远。唐朝中后期，各种思潮相继出现，如以韩愈为首的儒学复兴派，以柳宗元为首的"永贞革新"派等，此外，一些进步思想家如白居易、陆贽等人提出了一系列匡世救弊、改良法制的思想理论，丰富了法律思想的内容。

东汉时期绍兴上虞人王充，在谶纬神学兴盛之际，激烈地批判了谶纬神学的"君权神授"论和"天人感应"说，以务实的立法、司法原则驳斥着谶讳神学的虚妄，主张德刑并用，反对专任刑罚，并提出了在当时颇具新意的平等精神和明法治国等理论。三国时期绍兴余姚人虞翻，对《周易》进行了深入的研究，在继承先人之说的基础上"依经立注"。虞翻以国家利益为上，忠直謇谔，得罪了不少佞臣，招致谤毁远徙之难。祖籍绍兴上虞的曹魏思想家嵇康，开创了玄学之新风。他对儒家思想吐故纳新，崇尚道家"无为"的理想世界，提出了"儒道合一"的理论。生于绍兴余姚的东晋著名历史学家虞预，雅好经史，憎疾玄虚。他常犯言直谏，心系国家的兴衰，强调为政必须要有诚信，刑罚也必须讲究信用，只有这样，国家才能长治久安。晚年隐居绍兴的东晋书法家王羲之除精通书法绘画外，还关心国事，主张国家应该省刑罚，薄赋税，减轻劳役，使老百姓能安居乐业。

---

① 《旧唐书·志·卷三十》。

三、秦汉至隋唐时期

王充

王充（约公元27年—公元97年），字仲任，会稽上虞人，一生历经东汉时期汉光武帝、汉明帝、汉章帝、汉和帝四朝。少年时期，王充就酷爱读书习字，后求学于洛阳，拜当时的大儒班彪为师。王充才华横溢，有远大的志向，但却仕途不顺，始终没有得到重用。徐复观在《王充论考》中言："就王充而论，他个人的遭遇，对他表现在《论衡》中的思想所发生的影响之大，在中国古今思想家中，实少见其比。"①

王充的理论思想以"元气论"作为核心。"天地合气，万物自生"②，"一天一地，并生万物，万物之生，俱得一气"③，天与地都是元气所生，元气是万物的本源。他反对天有意志的说法，同意老子"天道无为"的自然学说，认为事物运动的源动力在"元气"本身，而非外部因素使然。这些可以在其唯一传世著作《论衡》中管窥一二。王充的思想具有朴素唯物主义性质，他对法哲学也提出了自己独到的见解。

---

① 徐复观：《两汉思想史（二）》，九州出版社2014年版，第513页。
② 《论衡·自然》。
③ 《论衡·齐世》。

批判封建统治中的"天人感应、君权神授"

汉代董仲舒为构建一套适应封建统治者的理论体系,大力宣扬"君权神授、天人感应"的理论。他认为加强君主集权的关键在于统一思想,只有禁异端学说,统一思想、制度和法令才不会动摇统治根本。在他向汉武帝进言"罢黜百家、独尊儒术"后,整个朝堂更是成了一言堂。从此,儒家的学说思想成为中国的主流思想。到了东汉时期,因社会矛盾的进一步加深,封建统治者更是依靠董仲舒提出的这套统治理论,加强对民众的思想统治。

面对董仲舒所宣扬的天有意识地创造人类、创造世界万物的主张,王充先是对"天人感应"提出了疑问。首先,对天的存在提出了自己的看法。王充对儒学中的神话传说进行了批判,例如女娲补天的传说,在《论衡·谈天》中王充用反讽对此进行反驳:"察当今天去地甚高,古天与今无异。当共工缺天之时,天非坠于地也。女娲,人也,人虽长,无及天者。夫其补天之时,何登缘阶据而得治之?"以此证明天神存在的无稽。其次,王充继承了道家老子自然无为、天道自然的观点,明确提出天是一种客观存在,一反之前董仲舒的神秘主义学说,将原本披有神秘面纱的天道展现在人们面前。除此之外,王充还认为,人有耳、鼻、口、目等感官才能感受到欲望,有双手才可以制作工具,"以地知之。地以土为体,土本无口目。无地,夫妇也,地体无口目,亦知天口目也。"[①]以地为类推,可知天也没有感官,因此没有欲望,无手足难以实现自己的想法。最后得出天是自然而无为的结论。

此外,王充对以"天罚论"为基础的"君权神授"理论作了严厉的批判。他从唯物自然观出发,说明"君权神授论"的荒谬。"盛夏之时,雷电击折树木,发坏室屋,俗谓天取龙,谓龙藏于树木之中,匿于屋室之间也,雷电击折树木,发坏屋室,则龙见于外。龙见,雷取以升天。世无愚智贤不肖,皆谓之然。如考实之,虚妄言也。"[②]对于龙等神物的存在,王充也表示了质

---

① 《论衡·自然》。

② 《论衡·龙虚》。

疑，认为这类传说中体现天或神意志的存在经不起推敲。两汉时期也常常有君主运用神话传说来印证自己君主位置来源的正统性，如《史记·高祖本纪》言："刘媪尝息大泽之陂，梦与神遇。是时雷电晦冥，太公往视，则见蛟龙于其上。已而有身，遂产高祖。"对于汉高祖是因其母与龙结合而拥有非同寻常的身份的说法，王充针锋相对，指出人和龙是不同的物种，不同的物种无法结合，这是最普通的常识，编造这种谎言只是为了证明王侯将相的生而高贵、与人不同，实在可笑；并且"夫天地合气，人偶自生也；犹夫妇合气，子则自生也。""天自当以一行之气生万物，令之相亲爱，不当令五行之气反使相贼害也。"① 人并不是这样被刻意安排而降生，人和其他万物一样，由"气"而生，所以人生而无特殊性，王侯也不例外。这从身份上否定了"君权神授"。

王充还进一步论证，如果说上天有善恶惩罚，那又何以"善恶之行云：七十子之徒，仲尼独荐颜渊好学。然回也屡空，糟糠不厌，卒夭死。天之报施善人如何哉！盗跖日杀不辜，肝人之肉，暴戾恣睢，聚党数千，横行天下，竟以寿终。是独遵何哉？"② 祸福根本不是由天来决定，凡人种种墨守成规的想法只是圣人之言，用以统治众人罢了。这从根本上揭示了统治者用种种神学理论合法化、合理化自己的地位的虚伪性。

主张德刑并用，反对专任刑罚

王充虽然对董仲舒的"天人感应，君权神授"理论进行了无情的批判，但在法律观上，两人存在相似之处。王充在《论衡·效力》篇中提到"故叔孙通定仪，而高祖以尊；萧何造律，而汉室以宁"。在《论衡·谢短》篇直接指出"出于礼，入于刑，礼之所去，刑之所取，故其多少同一数也"。强调了礼法并重，治国不可缺少其中之一。

对于儒书中记载的尧舜不用刑四十年的说法，王充提出了反驳。"尧、舜虽优，不能使一人不刑；文、武虽盛，不能使刑不用。言其犯刑者少，用

---

① 《论衡·物势》。

② 《论衡·祸虚》。

刑希疏，可也；言其一人不刑，刑错不用，增之也。"① 其认为用刑少者可以体现君王的善治，但不能否认刑罚的存在。王充还肯定了礼的存在，并认为礼的作用在于教化群众，不知礼而无以立身，同时肯定了传道授业在礼传承上的作用，"不入师门，无经传之教，以郁朴之实，不晓礼义，立之朝庭，植笮树表之类也，其何益哉？"②

不过，相对于刑，王充更重视礼和德的作用。他认为国家的存在根基在于礼义，如果民众没有礼义教化，就会动摇国家统治的根基。同时，礼不仅是教化民众的工具，国家刑罚也要遵从礼制和理智，不能乱用刑罚。王充在《论衡·非韩》篇中写道："韩子非儒，谓之无益有损，盖谓俗儒无行操，举措不重礼，以儒名而俗行，以实学而伪说，贪官尊荣，故不足贵。"一方面肯定了礼的作用，另一方面也说明了真正的礼是人人都需要的，而不是单方面用以愚民的工具。"谓世衰难以德治，可谓岁乱不可以春生乎？人君治一国，犹天地生万物。天地不为乱岁去春，人君不以衰世屏德。""周穆王之世，可谓衰矣，任刑治政，乱而无功，"从正反面印证任刑专用的弊端，治国"不能废德"。③

如何使礼德和刑罚发生作用？《史记·管晏列传》中记载，管仲曾经向齐桓公进言"仓廪实而知礼节，衣食足而知荣辱"，王充也同意该观点。他认为不得已的时候应该"去信存食"，在《论衡·问孔》中也对孔子"去食存信"的说法表示反对，认为食物才是生存的根本。王充进而在《论衡·治期》中对封建统治者为了稳固自己的统治，空谈礼法道义，不顾百姓死活的做法进行了鞭挞，显示了一种独异和抗争的勇气，"让生于有余，争起于不足。谷足食多，礼义之心生；礼丰义重，平安之基立矣。"④

---

① 《论衡·儒增》。
② 《论衡·量知》。
③ 《论衡·非韩》。
④ 《论衡·治期》。

命定论中的法律思想

王充的所有理论以"元气论"为核心,虽然认为万物形成的基础是元气,而产生了朴素的唯物主义思想,但又在《论衡·命义》中提到:"人有命,有禄,有遭遇,有幸偶。命者,贫富贵贱也;禄者,盛衰兴废也。以命当富贵,遭当盛之禄,常安不危;以命当贫贱,遇当衰之禄,则祸殃乃至,常苦不乐。"①肯定了人生而有命,否定了人在认识自然规律的基础上可以"制天命以用之"。

从国家和个人这两个层面来讲。王充在仔细观察后得出结论,自然界存在自己固有的规律,不以人的意志为转移。但他没有认识到规律分为社会规律和自然规律,而这两种规律虽然都具有客观性,却各自不同。王充认为国家的兴盛衰亡有一个客观的过程,从唯物主义史观上看并没有什么不妥,但随后却提出国家的存亡决定于"天时""天数",认为国家的统治者也只能服从国运的安排。从个人来讲,王充认为一个人做了好事也不一定有回报,做了坏事也不一定会受到惩罚,这些都是由运气决定,而非一己之力可以改变。

在《论衡·幸偶》中,王充也用这种命定论的思想解释犯罪和惩罚的问题。他指出"举事有是有非,及触赏罚,有偶有不偶。……隐蔽幸,中伤不幸。俱欲纳忠,或赏或罚;并欲有益,或信或疑。赏而信者未必真,罚而疑者未必伪。赏信者偶,罚疑不偶也。"②这又回到了命运论。与神说论唯一不同的是,王充认为命不是由天决定而是客观存在并且难以变更的,这体现了其思想消极的一面。王充所讲述的刑罚论是以事物的偶然性作为理论根据的,然则其偶然性却离开了客观存在的普遍规律,将一切赏罚的发生都归结为偶然为之,从而难以解释自己的"前言"和"后语"。

王充一生的为官之路坎坷,少有顺畅之时。本来在其原有的朴素唯物主义思想上可以更进一步,但其因自身的遭遇而将自己的怀才不得志归结

---

① 《论衡·命义》。

② 《论衡·幸偶》。

为命运使然，实在是令人唏嘘。王充作为东汉历史上一位伟大的无神论者，对封建统治从"天罚论"到"君权神授"都提出了独具一格的批判意见，这在封建时期是难能可贵的。他不仅在我国古代朴素唯物主义的思想史上留下了浓墨重彩的一笔，也为后代学者对古代法哲学的研究和借鉴提供了重要资料。

平等精神及明法治国论

王充生活于东汉，其时儒家思想已牢居意识形态正统地位。作为一代唯物主义思想家和在野派代表，王充扛起了批判以董仲舒为代表的世儒之大旗。正如盐铁会议上儒法之争那样，两家思想是对立又统一的中国传统文化的代表，因此王充对世儒的批判难免以法家为武器。他首先肯定了商鞅对秦国、管子对齐国的历史功绩："商鞅相秦，作耕战之术，管仲相齐，造轻重之篇。富民丰国，强主弱敌。"[①] "管仲相桓公，致于九合；商鞅相孝公，为秦开帝业。"[②] 王充对商鞅、管仲这两位法家代表的历史功绩的肯定，与以董仲舒为代表的贤良文学的尊儒抑法思想是对立的，也可以说是对西汉盐铁会议儒法之争的历史延续。

王充主张依法治国，认为法治对治理国家、维护社会稳定起基础性作用。王充在《论衡·非韩》中说："韩子之术，明法尚功，贤无益于国不加赏；不肖无害于治不施罚。责功重赏，任刑用诛。"[③] 充分肯定了韩非子明法尚功的法治之术。王充认为法治是富国强兵不可或缺的必要条件，也是制约百姓的有效措施："法明，民不敢犯也。设明法于邦，有盗贼之心，不敢犯矣；不测之者，不敢发矣。奸心藏于胸中，不敢以犯罪法，罪法恐之也。"[④]

王充还认为法是解决纠纷、治理国家的有效手段。他将君比喻成火，将臣民比喻成水，两者本来不相容，但是在法度的协调下，两者可相安无事。因此为了社会国家的稳定，应该用严刑峻法来统治，将法度打造严实，这

---

① 《论衡·案书》。
② 《论衡·书解》。
③④ 《论衡·非韩》。

样就可以防止臣民作乱了。他说:"使法峻,民无奸者;使法不峻,民多为奸。"① 当然,王充也不是那种绝对法治主义者,在提倡法治的同时没有否定德教的作用,这一点显然是受"黄老之学"思想影响的结果。他认为在法治基础上,可以施以德教;乱世用法严峻并不是说德教无用,而是时势使然。他以韩非子为例:"韩子岂不知任德之为善哉!以为世衰事变,民心靡薄,故作法术,专意于刑也。"② 像韩非子这样典型的法家,并不是不知道道德教化的作用,而他提倡严刑峻法,是由战国时期的历史情势决定的。在历史允许的情况下,他认为礼法并用是可行的。

王充对于法家学说的扬弃

王充虽然著有《论衡·非韩》篇,且对法家韩非子的诸多说法提出质疑和批评,看似王充与法家势不两立,其实不然,他对于法、律的作用是充分肯定的。如"法令,汉家之经,吏议决焉。"③ "法律之家,亦为儒生。"④ "王法不废学校之官,不除狱理之吏,欲令凡众见礼义之教。学校勉其前,法禁防其后,使丹硃之志,亦将可勉。"⑤ 可见王充对律和法给予高度评价。⑥

正如王充所言,"学校勉其前,法禁防其后",王充对待法家学说的一个基本态度就是"德主刑辅",但是他对"法"的作用比一般的儒者更为重视一些。《论衡·非韩》载:"治国之道,所养有二:一曰养德,二曰养力。养德者,养名高之人,以示能敬贤;养力者,养气力之士,以明能用兵。此所谓文武张设,德力具足者也。事或可以德怀,或可以力摧。外以德自立,内以力自备。慕德者不战而服,犯德者畏兵而却。徐偃王修行仁义,陆地朝者三十二国,强楚闻之,举兵而灭之,此有德守,无力备者也。夫德不可独任

---

①② 《论衡·非韩》。
③ 《论衡·程材》。
④ 《论衡·谢短》。
⑤ 《论衡·率性》。
⑥ 参见岳宗伟:《〈论衡〉引书研究》,复旦大学 2006 年博士学位论文。

以治国，力不可直任以御敌也。韩子之术不养德，偃王之操不任力。二者偏驳，各有不足。偃王有无力之祸，知韩子必有无德之患。"①

"养德"即是儒家的德治，"养力"就是法家的刑治，在王充看来，二者缺一不可。因而说王充给予法家足够的重视不是虚言，但这不意味着王充对法家全盘接受，他对韩非子的很多主张是持否定态度的。《论衡·非韩》载："夫儒生，礼义也；耕战，饮食也。贵耕战而贱儒生，是弃礼义求饮食也。使礼义废，纲纪败，上下乱而阴阳缪，水旱失时，五谷不登，万民饥死，农不得耕，士不得战也。"王充明确反对"明法尚功"，反对韩非子对儒者的比喻："儒者犹鹿，有用之吏犹马也。"② 韩非子认为儒生无益有损，王充认为韩非子所指的那些儒者，"盖谓俗儒无行操，举措不重礼，以儒名而俗行，以实学而伪说，贪官尊荣，故不足贵"③。但实际上，"今儒者之操，重礼爱义，率无礼之士，激无义之人。人民为善，爱其主上，此亦有益也"④。所以，儒者绝对不是仅供观赏的"鹿"，而是可以奔跑的、有用的"马"。

王充对法家学说的这种否定态度，更为重要的意义是昭示了当时"任德"与"任刑"之争的史实。

---

①②③④ 《论衡·非韩》。

虞翻

虞翻（公元164年—公元233年），三国时期吴国人，字仲翔，余姚人。虞翻生性直率，在吴国任职期间，多次谏争，常为孙策所用。孙权继位后，虞翻仍我行我素，敢言直谏，最终被毁谤入狱，徙流交州。在交州十余年间，"虽处罪放，而讲学不倦，门徒常数百人。又为《老子》《论语》《国语》训注，皆传于世。"① 卒于交州徙所，归葬余姚。

以《易》为大，依经立注

虞翻曾说："六经之始，莫大阴阳，是以伏羲仰天县（悬）象，而建八卦，观变动六爻为六十四，以通神明，以类万物。"又说："经之大者，莫过于《易》。"② 这是虞氏家训。虞翻高祖父虞光，曾任零陵太守，幼小专门研究孟氏《易》。曾祖父虞成，曾任平舆县令，缵述其业。祖父虞凤，对《易》的研究达到幽深严密的程度。父亲虞歆，为日南太守，幼从凤学，承其家

①② 《三国志·吴书·虞翻传》。

039

业。前人都重通讲,"多玩章句,虽有秘说,于经疏阔"①。而虞翻"生遇乱世,长于军旅,习经于枹鼓之间,讲论于戎马之上"②,比较接近现实社会,在继承先人之说的基础上,较能"依经立注"。所以虞翻能随孙策讨伐山越,平定三郡;讨伐黄祖时,说服华歆降吴定豫章。在孙权统治时期,吕蒙败关羽,算卦得出"不出二日,(关羽)必当断头"③。孙权赞其"不及伏羲,可与东方朔为比矣"④。孔融赞其"闻延陵之理乐,睹吾子之治《易》,乃知东南之美者,非徒会稽之竹箭也。又观象云物,察应寒温,原其祸福,与神合契,可谓探赜穷通者也"⑤,足见虞翻深邃的观察分析和预判能力。

虞翻在传承易学的基础上,广泛吸收古今易学诸家思想,还以阐释为目的对《易经》进行了注解。例如"卦气说"对《易经》的卦气内容进行了富有特色的阐述,揭示了卦气、卦序的内部结构特征。"卦变说"实际上在探讨一种新的卦序,它用十二消息卦串联起六十四卦,消息卦变为后来易家重构卦变打下了基础。⑥"易象说"则专从静态方面符示月体纳甲、消息、旁通、卦变各自独有的特征和意义。这种意义在相互融为一体的系统中,又表现出新的关系价值。⑦

以天下为旨,忠直謇谔

虞翻说:"孔子曰:'乾元用九而天下治。'圣人南面,盖取诸离,斯诚天子所宜协阴阳致麟凤之道矣。"⑧为践行此道,加之生性直率,虞翻屡次在孙权面前犯颜争谏。有一次魏将于禁被关羽擒获,系于城中。孙权将其释放,并与之相见,乘马与于禁并行,虞翻见后当面呵斥于禁:"尔降虏,何敢与吾君齐马首乎!"⑨后孙权邀于禁在楼船与群臣共饮。于禁感激涕零,虞翻又斥曰:"汝欲以伪求免邪?"⑩孙权觉得很没面子也很不高兴。因魏、吴媾和,孙权送于禁归国,虞翻又谏曰:"禁败数万众,身为降虏,又不能

---

① ② ③ ④ ⑤ ⑧ ⑨ ⑩ 《三国志·吴书·虞翻传》。
⑥ 参见文平:《虞翻易学思想研究》,湘潭大学2010年博士学位论文。
⑦ 参见文平:《虞翻易学"成既济定"说刍议》,载《洛阳理工学院学报(社会科学版)》2013年第2期。

死。北习军政,得禁必不如所规,还之虽无所损,犹为放盗,不如斩以令三军,示为人臣有二心者。"① 于禁虽遭虞翻多次训斥,但仍十分叹服虞翻。

  虞翻因敢言直谏,得罪了不少小人佞臣,招致了囚徒之苦。对此,他仍我行我素,远徙交州时,他心不忘国,"常忧五溪宜讨,以辽东海绝,听人使来属,尚不足取,今去人财以求马,既非国利,又恐无获"②。虞翻无法直谏,只能作表以示吕岱。吕岱不报,反遭远徙更远的苍梧。后孙权派遣将士至辽东,海中遭大风袭击,损失惨重。孙权后悔言:"昔赵简子称诸君之唯唯,不如周舍之谔谔。虞翻亮直,善于尽言,国之周舍也。前使翻在此,此役不成。"③ 遂下令交州,命派船送虞翻返京,但可惜的是,当时虞翻已经过世。

---

①②③ 《三国志·吴书·虞翻传》。

嵇康

嵇康（公元224年—公元263年），字叔夜，谯国铚县（今安徽省濉溪县）人，三国时期曹魏思想家、音乐家、文学家，"竹林七贤"之一。

自汉武帝"罢黜百家，独尊儒术"之后，儒家学说取得了"定于一尊"的显赫地位，成为汉代思想的主流，其表现形式就是儒学的经学化。汉代经学以"天人感应"为主要特征，在发展过程中，出现了日益严重的神学趋向，最终导致谶纬泛滥，流于荒诞、迂腐，成为狡黠之徒欺世盗名的工具。且经学的学风僵化，今古文经学各立门户，更加重了其保守、教条化的倾向。① 今文经学认为"无一字无精义"，古文经学认为"无一字无来历"。他们或以经解经，或以字解经，不胜其烦。"盖经说过繁，经义或反因之而晦"。在这种思想背景下，原本与现实生活密切相关的儒家学说，变得脱离实践、虚无缥缈，走上了谶纬神学的歧途。

---

① 参见张国清：《汉魏之际的政治与魏晋玄学的产生》，载《江西教育学院学报（社会科学版）》1998年第2期。

> 在汉魏之际，为适应封建统治阶级重建秩序的需要，社会迫切需要一种新的学术理论。随着道家思想在思想界影响的不断扩大，东汉时期，在士人之中出现了"儒道双修"的思潮，士人们大多既通晓儒学，又精通道家理论，如马融、郑玄这样的经学大师也开始注释道家经典著作《老子》《庄子》等。魏晋时期，"尊儒家之教，履道家之言"①成为一种社会风气，玄学逐渐兴起。嵇康身处魏末玄学兴盛时期，他对玄学有自己的见解，自称"老子、庄周，吾之师也"，以表他对道家先贤老子、庄子的敬仰。②

对儒家思想的吐故纳新

嵇康在文章里曾主张"心无措乎是非"③，但是他的行动却是"刚肠疾恶，轻肆直言，遇事便发"④。嵇康的这种性格，表现在他对礼法、名教的批判。当时司马氏集团为了维护自己的政权，大力标榜礼法和纲常名教，嵇康则在一系列文章中强调道家的"自然"，揭露礼法和"礼法之士"的虚伪本质。⑤

很多人以嵇康一些非议儒家学说的言辞来判定他反对儒家思想，将其思想倾向归于道家。在《释私论》中，他主张"越名教而任自然"；在《与山巨源绝交书》中则更直接、更激烈地对名教展开了攻击，宣称要"非汤武而薄周孔"。他还要"以讲堂为丙舍，以诵讽为鬼语，以六经为芜秽，以仁义为臭腐"，认为"睹文籍则目瞧，修揖让则变伛，袭章服则转筋，谈礼典则齿龋，于是兼而弃之，与万物为更始"。⑥他对仁义、揖让、章服、礼典等儒家礼法，

---

① 《三国志·魏书·王昶传》。
② 参见李琼琼：《嵇康思想研究》，湖南大学2003年硕士学位论文。
③ （魏）嵇康：《释私论》。
④ （魏）嵇康：《与山巨源绝交书》。
⑤ 参见张军：《"士"的风范》，南京师范大学硕士论文，2004年6月。
⑥ （魏）嵇康：《难自然好学论》。

采取完全否定的态度,因此,嵇康在当时常被视为异端。①

然而,嵇康其实并不是真正反对传统社会之精神支柱的纲常、礼教。自儒学独尊以来,儒家思想就成为中国传统社会的精神支柱,虽然从表面上看,老庄思想在魏晋时期的清谈中占了支配地位,但在骨子里,尤其是在社会伦理思潮方面,儒家思想仍占主导,即使是持反对态度的嵇康,也并未真正摆脱儒家思想的影响,他的许多思想仍是建立在儒学基础之上的,是对儒家思想的发扬,更是对真正先秦儒家精神的提升,而并非简单的否定。在嵇康的思想深处,儒学始终占据着重要的地位。

嵇康虽信奉儒家学说,但并不痴迷。他指出儒家学说并非检验是非的唯一标准,主张"推类辨物,当先求之自然之理;理已定,然后借古义以明之耳"。②儒家认为"郑声淫""放郑声",而嵇康却说"郑声,是音声之至妙""妙音感人""乐而不淫",提出了不同的观点。嵇康对于当时神化孔子的现象也予以批评。有人说:"师襄奏操,而仲尼睹文王之容",这是"神妙独见",是"前史以为美谈"。对于给孔子加上神秘主义色彩的"美谈",嵇康反驳说,如果真是"师襄奏操,而仲尼睹文王之容",那么,"文王之功德",就可以"象之于声音:声之轻重,可移于后世",师襄的巧妙,"能得之于将来。若然者,三皇五帝,可不绝于今日"。③身为音乐家的嵇康从音乐的角度发现他们的谬误,予以批驳,并且指出"此皆俗儒妄记,欲神其事而追为耳"④,披露了他们神化孔子的目的。可见,嵇康是实事求是地看待儒家思想。⑤

嵇康所谓的"蝉蜕弃秽累""长与俗人别"⑥,"穆然以无事为业,坦尔以天下为公"⑦,与庄子的"彷徨乎尘垢之外,逍遥乎无为之业"⑧是息息相通的。他们的这种思想要求个人人格独立。所以,嵇康一再强调人要"循性而动,各附所安""志气所托,不可夺也"。⑨这与孔子的"君子不器"(《论

---

① 参见李琼琼:《嵇康思想研究》,湖南大学2003年硕士学位论文。
②③④ (魏)嵇康:《声无哀乐论》。
⑤ 参见席广辉:《嵇康与儒家思想》,载《江淮论坛》1982年第2期。
⑥ (魏)嵇康:《游仙诗》。
⑦ (魏)嵇康:《答难养生论》。
⑧ 《庄子·内篇·大宗师》。
⑨ (魏)嵇康:《与山巨源绝交书》。

语·为政》）、"三军可夺帅也，匹夫不可夺志也"（《论语·子罕》）尊重个人人格的思想基本上一致，并没有背离儒家思想的精髓，只不过是表现形式不同罢了。

因此，从骨子里说，嵇康仍然是崇尚儒家思想的，并以现实斗争为需要，有选择地接受道家思想。因此，在嵇康的思想体系中，道家思想并不是作为儒家的敌对思想存在的，而是相互协调、融为一体的。从这个意义上来说，道家思想影响是嵇康儒家思想的另一种表现形式，是对他的儒家思想的一种吐故纳新的诠释。

唯物主义的逻辑思想

嵇康提出了唯物主义的逻辑思想，据《太平御览》记载："研核名理而论难生焉，论贵于允理，不求支离，若嵇康之论，成人美矣"①，嵇康的逻辑思想论证缜密，合乎道理。《世说新语·文学》载："旧云，王丞相过江左，止道声无哀乐、养生、言尽意，三理而已。"其中《声无哀乐论》《答难养生论》都是嵇康的著名论著。嵇康善辩，在当时名辩中享有较高的地位，如《世说新语·品藻》载："郗嘉宾问谢太傅曰：'林公（支遁）谈何如嵇公？'谢云：'嵇公勤著脚，裁可得去耳。'"这是以佛教著名谈辩家支遁来与嵇康作比较，"谈"，即"名辩"。上述当时人对嵇康的评价，正说明了嵇康在魏晋名辩思潮中的重要地位，也说明他在中国逻辑史上具有重要的贡献和影响。②

嵇康善于创作辩难类文章，留存下来的有《答难养生论》《难宅无吉凶摄生论》《答释难宅无吉凶摄生论》《难自然好学论》《声无哀乐论》等。既然善辩，那嵇康得以雄辩的逻辑思想原则是什么呢？他曾说："夫推类辨物，当先求之自然之理；理已定，然后借古义以明之耳"③。"推类辨物"是中国古代逻辑学的核心理论，要想达到"推类辨物"，必先求达"自然之理"，也就是要了解客观事物的基本自然规律。以此为前提，借"古义以明之"。客观

---

① 《太平御览·文部·卷十一》。
② 参见高银秀：《嵇康逻辑思想探索》，载《晋阳学刊》1983年第4期。
③ （魏）嵇康：《声无哀乐论》。

事物的规律是本,古义是末,本末不能倒置。但自汉代以来的逻辑学风如王充所说:"世儒学者,好信师而是古,以为圣贤所言皆无非,专精讲习,不知难问。"①出现了本末倒置的情况,嵇康的论敌正是这些经学之徒,他们只知盲从,不知是非,"立六经以为准""以周孔为关键"②,借所谓"俗儒妄记"的事例来作为辩难的依据。嵇康斥责他们"未得之于心,而多恃前言以为谈证,自此以往,恐巧历不能纪"③,并坚持认为对客观规律的掌握是达到"推类辨物"之目的的前提。

对于如何求得自然之理?嵇康认为首先要"广求异端,以明事理"④,即保持客观标准全面宏观看待问题,寻找事物的因果关系,即"夫论理性情,折引异同,固寻所受之终始,推气分之所由。顺端极末,乃不悖耳"⑤。客观现实是主观思想的基础,如果不相符合,就会产生"悖"理,并形成当时流行的"诡辩"。

由此可见,嵇康的逻辑思想是以朴实唯物主义为基础的。后来的墨家学派在《墨辩·小取篇》中提出"摹略万物之然"的逻辑原则,正是以嵇康的理论为基础,并推出"以说出故"的逻辑方法。

"越名教而任自然"政治理论

统治阶级要维护自己的统治,是离不开"名教"的。"名教",是以"正名分"为中心的封建礼教的一整套行为规范。司马氏集团和曹魏集团在争夺政权的斗争中,双方都利用了"名教"作为自己的武器。司马氏集团正是在"以孝治天下"的口号下,用"不孝"的罪名来废弑曹氏皇帝。对此,嵇康洞若观火。他反对司马氏提倡的虚伪的"名教",对那些礼法之士深恶痛绝,提出了"越名教而任自然"的政治理论学说,形成了魏晋"玄学"的三大学派之一。

---

① (魏)嵇康:《论衡·问孔》。
② (魏)嵇康:《难自然好学论》。
③ (魏)嵇康:《声无哀乐论》。
④ (魏)嵇康:《答释难宅无吉凶摄生论》。
⑤ (魏)嵇康:《明胆论》。

嵇康主张统治应该顺应人类自然纯朴的本性，而不受礼法"名教"的约束，他说："夫气静神虚者，心不存于矜尚；体亮心达者，情不系于所欲。矜尚不存于心，故能越名教而任自然；情不系于所欲，故能审贵贱而通物情。"① 嵇康强调"名教"和人的自然本性是对立的，人们应当超越"名教"的束缚，不尚虚荣，不谋富贵权位，摆脱物质享受等欲望，以求得精神上的解脱。

尽管嵇康崇尚自然、反对"名教"，提出"越名教而任自然"的理论，还经常"轻贱唐虞而笑大禹"②"非汤、武而薄周、孔"③。但其实，他所反对的仅仅是当权的司马氏集团虚伪巧饰的"名教"和专制，而不是要从根本上否定"名教"，只是出于政治的需要而已，这可能也就是为何嵇康最后会被司马氏处死的真正原因之一。

鲁迅如此评价嵇康的学说，嵇、阮的罪名，一向说他们毁坏礼教。但据我个人的意见，这判断是错的。魏晋时代，崇奉礼教的看来似乎很不错，而实在是毁坏礼教，不信礼教的。表面上毁坏礼教者，实则倒是承认礼教，太相信礼教。因为魏晋时代所谓崇奉礼教，是用以自利，那崇奉也不过偶然崇奉，如曹操杀孔融，司马懿杀嵇康，都是因为他们和不孝有关，但实在曹操司马懿何尝是著名的孝子，不过将这个名义，加罪于反对自己的人罢了。于是老实人以为如此利用，亵渎了礼教，不平之极，无计可施，激而变成不谈礼教，不信礼教，甚至于反对礼教。但其实不过是态度，至于他们的本心，恐怕倒是相信礼教，当作宝贝，也比曹操司马懿要迂执得多。嵇康要求人们恢复"不须学而后能，不待借而后有"④ 的自然之情。但实际上，他并不懂得只要封建关系存在，名教是"越"不起来的，自然也是"任"不起来的。你愈要"越"名教，名教愈不"越"人。嵇康也因此最后被治以"名教"之罪而刑杀。

---

① （魏）嵇康：《释私论》。
② （魏）嵇康：《卜疑》。
③ （魏）嵇康：《与山巨源绝交书》。
④ （魏）嵇康：《难自然好学论》。

虞预

虞预（约公元285年—公元340年），本名虞茂，字叔宁。从小喜好文学，有写作天赋。虞预直言敢谏，多有谋略，曾任县功曹、郡主簿、平康候、散骑常侍、著作郎等职。一生著有《晋书》44卷，《会稽典录》20篇、《诸虞传》12篇，皆流传于世。他也精通诗、赋，相关著述颇丰。

主张轻徭薄敛，宽刑省役

《晋书·虞预传》评："其论阮籍裸袒，比之伊川被发，所以胡虏遍于中国，以为过衰周之时。"虞预为官时，力主轻徭薄敛，宽刑省役。故在太守庾琛部下任主簿时，力陈时政所失，曰："军寇以来、赋役繁数，兼值年荒，百姓失业，是轻徭薄敛，宽刑省役之时也。自顷长吏轻多去来，送故迎新，交错道路。受迎者唯恐船马之不多，见送者唯恨吏卒之常少。穷奢竭费谓

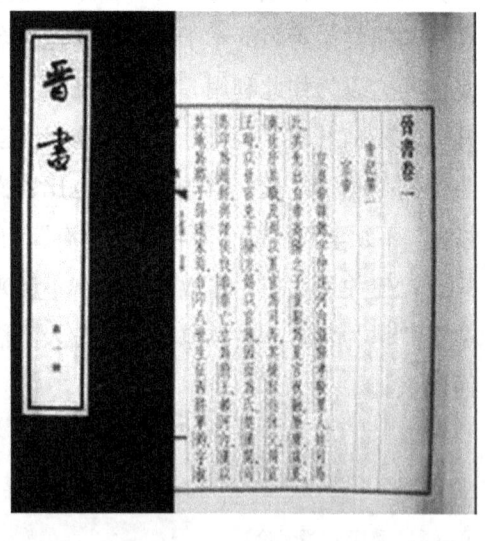

之忠义，省烦从简呼为薄俗，转相放效，流而不反，虽有常防，莫肯遵修。加以王途未夷，所在停滞，送者经年，永失播植。一夫不耕，十夫无食，况

转百数，所妨不訾，愚谓宜勒属县，若令、尉先去官者，人船吏侍皆具条列，到当依法减省，使公私允当。又今统务多端，动加重制，每有特急，辄立督邮。计今直兼三十余人，人船吏侍皆当出官，益不堪命，宜复减损，严为之防。"①

谠言直谏，用人有道

虞预认为用人之道在于"苟其可用，仇贱必举"。他说："为国之要在于得才，得才之术在于抽引。苟其可用，仇贱必举。高宗、文王思佐发梦，拔岩徒以为相，载钓老而师之。下至列国，亦有斯事，故燕重郭隗而三士竞至，魏式干木而秦兵退舍。今天下虽弊，人士虽寡，十室虽寡，十室之邑，必有忠信，世不乏骥，求则可致。而束帛未贲于丘园，蒲轮顿毂而不驾，所以大化不洽而用雍熙有阙者也。"②虞预还认为选拔人才，必须付诸公议，"愿陛下谘之群公，博举于众。若当局之才，必允其任，则宜奖厉，使不顾命。旁料冗猥，或有可者，厚加宠待，足令忘身"③。他劝诫当政者应听一听"匹夫嫠妇"之言，"匹夫嫠妇犹有忧国之言"。

强调诚信为政，刑罚在于必信

虞预反对祈雨，认为为政者应当诚信，刑罚更应当以信为先。他对晋元帝说："天道贵信，地道贵诚。诚信者，盖二仪所以生植万物，人君所以保乂黎蒸。是以杀伐拟于震电，推恩象于云雨。刑罚在于必信，庆赏贵于平均。""刑狱转繁，多力者则广牵连逮，以稽年月；无援者则严其棰楚，期于入重。是以百姓嗷然，感伤和气。臣愚以为轻刑耐罪，宜速决遣，殊死重囚，重加以请。宽徭息役，务遵节俭。砥砺朝臣，使各知禁"④。刑若不信，将失去公信力，自然也就丧失了其效用。

---

①②③④ 《晋书·虞预传》。

王羲之

　　王羲之（公元303年—公元361年），字逸少，汉族，东晋时期著名书法家，有"书圣"之称。琅琊人，后迁会稽山阴（今浙江绍兴），晚年隐居剡县金庭。王羲之历任秘书郎、宁远将军、江州刺史，后为会稽内史，领右将军。其所处的魏晋时代是我国历史上有着内忧外患的年代。当时中国长期处于分裂割据的状态，阶级矛盾、民族矛盾以及统治阶级内部的矛盾都十分尖锐。但在思想上，魏晋时代却非常通脱、自由、解放，孔教以外的思想被不断引入，甚至一度出现儒、道、佛并存的局面，极大削弱了儒家思想的统治地位。思想的解放，唤起了人们的自我觉醒意识。魏晋时代的社会生活、意识形态的独特个性，也促成了士人阶层不同于从前的鲜明思想特点，[①]典型如王羲之。

薄赋税，减轻劳役，主张省刑罚

　　当时"朝廷赋役繁重，吴会尤甚，羲之每上疏争之"。王羲之指出："自

---

① 参见赵海岭：《论王羲之思想的双重性》，载《青岛大学师范学院学报》1996年第2期。

军兴以来，征役及充运死亡叛散不反者众，虚耗至此，而补代循常，所在凋困，莫知所出。上命所差，上道多叛，则吏及叛者席卷同去。又有常制，辄令其家及同伍课捕。课捕不擒，家及同伍寻复亡叛。百姓流亡，户口日减，其源在此。又有百工医寺，死亡绝没，家户空尽，差代无所，上命不绝，事起成十年、十五年，弹举获罪无懈息而无益实事，何以堪之！"①他主张"今所在要在于公役均平"②，因此他建议当权者"更与朝贤思布平政，除其烦苛，省其赋役，与百姓更始，庶可以允塞群望，救倒悬之急"③。针对百姓流离失所、户口日减等状况，王羲之制定了具体刑罚措施以防人口流失，即"诸死罪原轻者及五岁刑，可以充此，其减死者，可长充兵役，五岁者，可充杂工医寺，皆令移其家以实都邑。都邑既实，是政之本，又可绝其亡叛"④，并认为"今除罪而充杂役，尽移其家，小人愚迷，或以为重于杀戮，可以绝奸。刑名虽轻，惩肃实重"⑤。显然，王羲之只看到"征役及充运"给人民带来的痛苦，而没有看到亡民的真正原因，并认为"流亡，户口日减，其源在此"，所以才有上述认识和措施，企图从"根本上"解决问题。当然，把本来不合理的严刑重罚改为劳役，虽然无法解决百姓逃亡的现状，但相比之前，刑罚的适用人道了很多，这也反映出了王羲之的省刑仁德的思想。此外，王羲之还多次向当权者申述合理建议，在行动上关心人民疾苦、为百姓排忧解难，"时东土饥荒，羲之辄开仓振贷"⑥。他主张"以道胜宽和为本"，体现了一定的重德、以民为本的儒家思想倾向。

针砭时弊，主张改革弊政、严惩贪墨

王羲之针砭时弊，对国家行政机构的繁冗、行政效率的低下进行了深刻的批判："主者苟事，未尝得十日，吏民趋走，功费万计"⑦。在对会稽郡下属的各县进行巡视后，他发现官仓存在大量的监守自盗情形，严重损害了国

---

①④⑤ （晋）王羲之：《与尚书仆射谢安书》。
② （晋）王羲之：《临护军教》。
③⑥⑦ 《晋书·王羲之传》。

家利益:"仓督监耗盗官米,动以万计","余姚近十万斛"。①当王羲之彻底追查时却遭到了重重阻挠,他谴责朝中当权者阻挠追查,实则官官相护、上下通融,斥责其"重敛以资奸吏"。王羲之身为地方官,用自己手中仅有的权力,尽可能为江山社稷付出,为百姓解除苦难、减轻负担。身为士族阶级的一员,他能如此关心民生疾苦,这在当时确实是难能可贵的。②

王羲之通过观察、调查和思考,看到了东晋的种种统治弊端,并敢于直抒胸臆,提出自己的见解。

他认为:"今事之大者未布,漕运是也。"希望朝廷"申下定期,委之所司,勿复催下,但当岁终考其殿最。长吏尤殿,命槛车送诣天台。三县不举,二千石必免,或可左降,令在疆塞极难之地。"针对"仓督监耗盗官米,动以万计","重敛以资奸吏,令国用空乏"的情况,他主张"诛剪一人",杀鸡儆猴,以达到"其后便断"的效果。③④

为了解决粮荒问题,王羲之限制了酒水生产,颁布断酒令。《断酒帖》载:"断酒事终不见许,然守之尚坚,弟亦当思同此怀。此郡断酒一年,所省百余万斛米,乃过于租,此救民命,当可胜言?"《百姓帖》云:"此时既不能开仓庚赈之,因断酒以救民命,此有何不可!"⑤虽说用限制酿酒的办法节约粮食实属不得已之下策,但一个郡断酒一年,可节约粮食一百多万斛,积少成多之数量是相当可观的。作为地方长官,王羲之能主动发现时弊,并采取相对可行的措施予以补救,尽管属于权益之计,但足以称道。⑥

以道为主、佛道结合、儒道并济

王羲之的思想是儒道并蓄的,他既崇尚儒家的积极入世,又不失道家的超脱玄远。王羲之祖祖辈辈皆以孝悌力行、勤于用事而闻名,先祖们为国为民的济世精神感染着王羲之,从《世说新语》和《晋书》的有关记载来看,

---

① ③ 《晋书·王羲之传》。
② 参见赵海岭:《论王羲之思想的双重性》,载《青岛大学师范学院学报》1996年第2期。
④ ⑥ 参见汲广运、王厚香:《论王羲之的行政管理思想》,载《临沂师范学院学报》2003年第5期。
⑤ 《全晋文》卷二十四《王羲之》。

王羲之始终抱着匡扶天下的梦想：开仓赈济、为政宽和、勇于自荐、针砭时弊、禁酒节粮、严惩贪墨，他所做的一切，无不是为解民于困苦、救国于危机。

理想是美好的，但现实却是残酷的，济世经国的美好愿望在东晋黑暗残酷的社会现实面前被撞得粉碎。正值玄学思潮兴起，王羲之也不得不接受了道家思想。他曾感慨"吾为逸民之怀久矣"①，"每仰咏老氏、周任之诫"②，逍遥出世的隐士情结使王羲之获得了精神上的满足。《晋书》载："（王羲之）与道士许迈共修服食，采药石不远千里，遍游东中诸郡，穷诸名山，泛沧海，叹曰：'我卒当以乐死。'"③"（郗愔）与姐夫王羲之、高士许询并有迈世之风，俱栖心绝谷，修黄老之术。"④《世说新语》载："王逸少作会稽，初至，支道林在焉。……因论庄子逍遥游。支作数千言，才藻新奇，花烂映发。王遂披襟解带，留连不能已。"⑤从这些记载中，可以看出王羲之静思玄贤的人生态度和清虚恬淡的豁达心境。

追求精神之自由

由于王羲之崇尚道家，对老庄学说及神仙之书深信不疑。如《晋书·王羲之传》中就有诸如"羲之雅好服食养性""与道中人来往甚密"等记载。在道家思想中，庄子在《逍遥游》中描绘的那种不借任何外力就可以翱翔于天空的自由精神更是令王羲之心驰神往。《世说新语·文学》中记载了这样一个故事："王逸少作会稽，初至，支道林在焉。孙兴公谓王曰：'支道林拔新领异，胸怀所及，乃自佳，卿欲见不？'王本自有一往隽气，殊自轻之。后孙与支共载往王许，王都领域，不与交言。须臾支退。后正值王当行，车已在门。支语王曰：'君未可去，贫道与君小语。'因论庄子逍遥游。支作数千言，才藻新奇，花烂映发。王遂披襟解带，留连不能已。"支道林是晋代一

---

① （晋）王羲之：《十七贴》。
② （晋）王羲之：《誓墓文》。
③ 《晋书·王羲之传》。
④ 《晋书·郗愔传》。
⑤ 《世说新语·文学》。

名精通佛理的高僧，但王羲之并没有因为他精通佛理就对他另眼相看，反而是"殊自轻之""不与交言"。但当支道林对《逍遥游》作精辟讲解时，王羲之"披襟解带，留连不能已"。从"殊自轻之""不与交言"到"披襟解带，留连不能已"的态度转变，正说明了王羲之对庄子《逍遥游》的欣赏和热爱。正因为自由精神是王羲之心灵深处不舍的追求，所以当支道林谈论起《逍遥游》时，他才会有天壤之别的态度转变。①

---

① 参见尹临洪：《老庄自由精神对王羲之的影响》，载《中国书法》2017年第8期。

四、宋元明清时期

　　中国古代法律思想，自唐以后至清末变法前，基本保持了定型。其间，虽有一定的创新，呈平稳发展的态势，但再也无法复制春秋战国、魏晋南北朝时期思想碰撞争鸣的辉煌。自宋至清，是中国封建社会的后期阶段，社会经济、文化和科学技术不断发展，但从封建社会自身的经济关系和政治结构的变化来看，其内部已经酝酿着衰变的因素，法律思想亦是如此。

　　宋朝鉴于前代藩镇割据以致大权旁落的教训，极力加强中央集权统治。为此，统治者就必须对百姓的思想进行控制，从而麻痹百姓的斗争意志，防止农民起义的发生。理学的兴起就反映了这一时代特点。理学由北宋程颢、程颐创立，南宋朱熹集其大成。理学是直接承继于孔孟的先秦儒家，同时有选择性地吸收了道家、玄学、道教、佛教的思想而形成的一种全新的思想体系。理学家们提出了一些诸如理、天理、心、性、人欲等新的命题，他们把"理"说成是宇宙的本源，先于物质而存在，且永恒不变；把忠孝仁义、三纲五常等传统思想观念附会于"理"，作为其主要内容，强调这是千古永恒的真理。同时，他们又把自然观、认识论、方法论也纳入理学范围。理学的兴盛适应了封建社会后期统治阶级加强大一统以及思想控制的需要。到了明代，心学的出现使得理学逐渐向唯心主义方向发展。思想家王阳明把理学朝着主观唯心主义方向作了新的阐释，他认为精神性的"理"是永恒的先天存在的，"心即理，心外无物，心外无事，心外无理"，理就在人的心中。显然，王阳明的心学也同样是为封建统治阶级加强思想统治服务的。

　　然而，加强统治、控制思想也无法改变封建统治阶级日益腐朽的状况，百姓的反抗斗争此起彼伏，民族矛盾也日益尖锐，这个时候，就出现了一批锐意改革的改革派思想家和理学的反对派。范仲淹、王安石、张居正等人，在不触动封建制度根本利益的前提下，进行了一定程度的变法改革，要求

"立善法""以法绳天下";整顿吏治,慎选良吏,善用服务于变法改革的人才。[①]南宋时期还出现了一些批判理学,反对"存天理,灭人欲"的功利主义思想家,他们反对空谈义理,要求"务甚实",讲求实效,从而"除天下之患,安天下之民"。

明末清初,社会变革剧烈,激荡着思想的巨变。理学和心学禁锢着百姓的思想,封建统治危机四伏,外加资本主义萌芽和市民阶层的出现,大规模的农民起义和尖锐的民族斗争不断涌现,这一切都强烈地刺激着思想界,以致各种思想勃兴,大放异彩,形成了一种带有启蒙精神的思潮,出现了诸如黄宗羲、王夫之、顾炎武、唐甄等杰出的启蒙思想家。他们都曾亲自参加过抗清斗争,既目睹了明朝的腐朽衰败,又切身体会到了清朝专制统治的残暴,从而促使他们对封建统治制度有了新的认识。他们站在时代的前列,创造了具有民主主义的新思想,全面地批判了封建君主专制制度的核心——君权;要求"趋时更新",改革腐朽的政治法律制度;主张立"天下之法",反对君主"一家之法"。启蒙思想对后来的资产阶级改良派和革命派都有较大影响。

身处这一时期的绍兴名人有诗人、文学家、思想家,也有一批优秀杰出的政治家。宋代名臣陆佃,师从王安石,学习经学,在王安石主持变法期间,以一个客观公正的立场对新法的推行提出了自己独特的看法,他还主张法度为民,任贤使能。陆佃之孙即宋代著名诗人陆游,对当时的法制提出了自己的一些见解。他主张施仁政,废除凌迟酷刑;主张限制宦官养子,反对施行宫刑于幼童;反对妖教;等等。明代著名思想家王阳明,创立了心学,并推广乡规民约和"十家牌法",主张因地制宜和申明赏罚。思想家刘宗周,批判"义理之性"概念,重建了心学,反对过分崇尚刑罚,提倡慎用赏罚,主张施行仁政,任用贤能。明代名臣韩宜可,执法公允,尊重礼法,以人为本,锄奸显忠,打击贪腐。名臣何鉴,提倡民生为本,合理立法,守正不阿,打击贪腐。礼部尚书罗万化,提倡重本务农,唯贵谷粟;修屯政,理盐法;强调安攘并举、明断并行和上下一心;等等。政治家祁彪佳,注重官吏素质在荒政中的重要作用,强调荒政要标本兼治、未雨绸缪,救灾求速,赈

---

① 参见杨鹤皋:《略论中国法律思想的发展》,载《中国法学》1988年第3期。

灾勿缓。政治家沈文奎，主张"定天下"必须"得人心"，提出保举法，任用人才，赏罚分明。明末启蒙思想家黄宗羲创造性地提出"天下为主，君为客"这一平等的君臣关系理论，主张"有治法，而后有治人"，限制、分解君权，提倡文人议政。清代名臣姚启圣，特别注重军规在治军中的作用。文学家袁枚以仁爱、仁政思想为主，系统论述了经世思想。名臣朱珪，大力推行宽仁治国理念，主张废除文字狱。名臣宗稷辰，推广心学，反对将心学和理学分离，主张推行"保甲"制度，注重人才的培养和提拔。清代绍兴师爷代表人物汪辉祖，提出了"养人""爱民"的贵民思想，主张"断案不如息案"，重视法律的指引、预防作用，注重诉讼过程的严谨以实现慎用刑罚。师爷骆照办案谨慎，严格干练，依法施仁，将绍兴刑名师爷之名发扬光大。

陆佃

陆佃（公元1042年—1102年），字农师，号陶山，越州山阴人，是南宋著名诗人陆游的祖父。陆佃幼时家贫却喜爱读书，少时即离家前往他处求学，以王安石为师，学习经学。其一生经历北宋神宗、哲宗、徽宗三朝，尽忠职守、不卑不亢却在宦海生涯中历经坎坷。

自范仲淹"庆历新政"失败以后，北宋王朝更加摇摇欲坠，军事、经济、财政等方面都出现了不同程度的问题。陆佃对于通过变法改变国家现状、富国强兵十分赞同，尤其对王安石提出的科举制改革积极响应，但作为一个正直而客观的旁观者，陆佃对新法推行过程中的一些问题有着清醒的看法。

反对王安石新政的盲目推行

当时的北宋积贫积弱，王安石认为只有对内改变因循守旧的做法，对外克服怯懦的思想，才能实现富国强兵的最终目的。首先就是要发展经济，提高收入，摆脱财政危机。例如，在经济变革的措施中就以"青苗法""免役法""方田均税法"等为主。新政中存在许多大刀阔斧的改革，王安石力排众议提出"三不足"变法思想,即"天变不足畏,祖宗不足法,人言不足恤"①,这体现了王安石变法的决心。然而王安石却将所有反对新法的意见一律作为守旧之言,将发表不同意见的同僚都加以贬黜和排斥,是有些偏激的。

陆佃作为王安石的学生,学习了王安石经学上的理论,但站在一个客观公正的立场上,他对新法的推行提出了自己的看法。宋神宗熙宁三年,陆佃进京赴考。在谒见王安石时,陆佃指出"法非不善,但推行不能如初意,还为扰民,如青苗是也"。②王安石听后反问:"何为乃尔?吾与吕惠卿议,又访外议。"③王安石后来派李承之去各地调查"青苗法"实施情况,李承之阿谀奉承,报告"民无不便"。所以王安石未曾察觉法令实施的不妥之处,并且在陆佃提出对新法的意见后对其疏远。

陆佃反对新法在实行过程中盲目蛮力地推行。"青苗法"作为新法的一部分,在实施过程中暴露了很多问题。"青苗法"始于唐朝中后叶,起初是在河北路、京东路、淮南路三路实行,后期其他诸侯也开始在自己辖区内推行。"青苗法"主要是为了增加农收,王安石执政后规定凡州县各等民户,在每年夏秋两收前,可到当地官府借贷现钱或粮谷,以补助耕作。借户贫富搭配,10人为保,互相检查。贷款数额依各户资产分五等,一等户每次可借15贯,末等户1贯。当年借款随春秋两税归还,每期取息2分。虽然设置"青苗法"的初衷是为了缓解百姓耕种的压力,防止"耕而无种"的情况出现,影响民生,但是在"青苗法"的实际实施过程中,出现了许多新问题。例如,有些官吏在执行过程中会提高利息,强迫百姓借贷,甚至还会提出一些附加的条件来为难真正有借贷需求的农民。而这些情况王安石不得而知。后人评论"青苗法"推行过程中之所以出现众多弊端,其中一个原因在于王安石耳目闭塞,用人不当,"吏不得人,故为民害",即"所谓有治人而无治法"。

---

① 《宋史·王安石列传》。
②③ 《宋史·陆佃传》。

主张法度为民，任贤使能

陆佃博学多识，一生有过多种著述，其曾为先秦子书《鹖冠子》注释。《鹖冠子》对于法制的存在如此写道："道凡四稽：一曰天，二曰地，三曰人，四曰命。"① 其中"命"就是指法度制令。

陆佃在《鹖冠子》中注释："一阴一阳之谓道，制而用之谓之法。"可见其认为法从道中来。而且该处的"法"也并不是指单纯的刑法，而是指广义的法度。"法者，道法，非申韩也。"

在继承道家"圣人无常心，以百姓心为心"的基础上，陆佃在《鹖冠子》中注解："民之所未安，圣人不强行；民之所未厌，圣人不强去。……夫因人而不自任者，天也。民实知极，圣人岂侵越而代之。大司徒曰：使民兴贤，出使长之；使民兴能，入使治之。"② 可见其认为将百姓利益作为首要准则，是道法的关键。自然无为是道家的思想关键，而经陆佃注释的《鹖冠子》更加具体明确了这一点，圣人为无为，"为"是为了民众，"无为"是不扰乱民众。③ 而为了实现这一目标，圣人要成就万民，以万民的归附作为德行的最高体现。陆佃评价王安石变法，认为变法应当顺从民意，其相同的思想也体现在对《鹖冠子》的注释中。

陆佃十分推崇尧舜的禅让制，他认为统治者应以贤能而论。《鹖冠子》一开篇就肯定了贤能者的重要性，此观点在文中其他地方也可窥见。"人者，以贤圣为本者也"④，"圣人存则治，亡则乱"⑤。另外，贤能者的地位不同，国家分为"教治"和"因治"。前者是指贤能者担任君王时，尊贤一致；后者是指圣贤者被帝王招纳，成为帝王的教习者，此时尊贤二分。圣人者在朝为臣和在位为王都符合道法。并且，陆佃还认为个体的局限性导致了任贤使

---

①⑤ 《鹖冠子·博选》。

② 《鹖冠子·天则》。

③ 参见杜晓：《陆佃〈鹖冠子〉注道法政治之价值研究》，载《当代中国价值观研究》2019年第1期。

④ 《鹖冠子·近迭》。

能的必要性。陆佃解曰:"因人则逸,任己则劳。"①"夫寒温之变,非一精之所化也,天下之事,非一人之所能独知也,海水广大,非独仰一川之流也。是以明主之治世也,急于求人,弗独为也。"②"仁人居左,忠臣居前,义臣居右,圣人居后。……先王用之,高而不坠,安而不亡,此万物之本。"③帝王为政应当多接受贤能之臣,汇聚各方面的人才来巩固自己的统治。陆佃正是看到了这一点,在《御试策》答神宗的变法救弊之术中提出"图天下之治者存乎意,无良法以施之,则虽有良意不能立;施天下之意者存乎法,无良材以守之,则虽有良法不能行。"④

陆佃为《鹖冠子》作的注释也体现了他对"法"和"民"关系的深刻理解。他认为民众利益是道法的根本目的,因道立法,选贤举能才能治理好一个国家,法不是帝王手上可以任意作为的统治工具。其思想为后世的国家治理理论提供了积极的借鉴意义。陆佃做人坚守原则,他十分敬重自己的老师王安石,但也没有因为师生的情谊影响自己对新法变革的判断。在王安石去世后,因为变法一派的失败,无人敢哭祭王安石,是陆佃亲自带着国子监的学生为王安石披麻戴孝。在修撰《神宗实录》时也不肯因为变法派的失败而扭曲事实,最后招致祸患。

注《鹖冠子》道法,丰富黄老思想⑤

《鹖冠子》作为周末汉初的黄老学著作,丰富了《道德经》中"道"的内容,尝试对自然对象和无为原则进行具体说明。《鹖冠子》认为"道"有四个维度、九项内容,通过法则显现自身。《鹖冠子·博选》篇中说"道凡四稽:天、地、人、命",从自然物质规律、人的本性以及社会政治方面对"道"进行了详细说明。《鹖冠子·学问》篇中的"九道"是从内容上来讲,在道德

---

① 《鹖冠子·博选》。
②⑤ 参见杜晓:《陆佃〈鹖冠子〉注道法政治之价值研究》,载《当代中国价值观研究》2019年第1期。
③ 《鹖冠子·道端》。
④ 陆佃:《省元殿试卷》,载邓洪波、龚抗云编著:《中国状元殿试卷大全》(上卷),上海教育出版社2006年版,第158页。

的纲领下,具体为道德、阴阳、法令、天官、神征、伎艺、人情、械器、处兵。陆佃认为"此言学问之序",说明了践行道德的先后次序。此时道家已经吸纳了阴阳家、法家、儒家、兵家思想,涉及社会的各个方面,全面有序。道法则作为秩序依据,贯通天地人。其中"为之以民"是道法政治的关键,圣贤因道立法,"上贤为天子"①,德位一致,是道法秩序的制定者和领导者。

在《鹖冠子·兵政》篇中,通过"贤生圣,圣生道,道生法,法生神,神生明",拓展了圣贤、道法、神明之间的关系。对于"道生法",陆佃注曰"一阴一阳之谓道,制而用之谓之法",道作为宇宙万物的起源、本质和秩序,圣人因道立法。陈鼓应先生认为,"引法入道"是战国黄老的重要特点。白奚先生也认为"这一命题将道与法统一起来,明确地揭示了道与法的基本关系——法是由道派生的,是道这一宇宙间的根本法则在社会领域的落实和体现。这就不仅从宇宙观的角度为法治找到了理论根据,从而使之易于被人接受,而且也为道这一抽象的本体和法则在社会政治领域中找到了归着点,使道不再高高在上、虚无缥缈,从而大大增强了道的实用性。……'道生法'应当被视为黄老学派的第一命题。"②道法作为《鹖冠子》中的核心概念,延伸出多层合理内涵。

从自然规律的层面上来讲,四季的交替、日月星辰的运行都有其自身的法则。以农业为主的社会,人们主要依靠自然界的规律(尤其是节气、时令)来耕作、收获,所以认识自然法则极其重要。在社会规律的层面,不再依靠宗法而是依据道的准则重新考量、制定各种法令制度,本于物理人情,提倡郡县法制的社会结构,宣扬一种"道法"基础上的大同社会。"道法"主要有以下特征:

首先,道是法的来源。不仅在《鹖冠子》中提到"圣生道,道生法",《黄老帛书》首篇《经法》的第一句即是"道生法",《管子·心术上》篇也言:"故杀僇禁诛以一之也。故事督乎法,法出乎权,权出于道"。这些文献都表明法由道而出,事物自身的客观性质决定运行规律与发展原则。《道德经》的

---

① 《鹖冠子·泰录》。
② 参见白奚:《稷下学研究》,生活·读书·新知三联书店1998年版,第120页。

"道"确立了规律的客观性与宇宙的物质性,这一点在《鹖冠子》中得到了发扬。虽然在不同时期出现了天、天地、北斗等不同的法则依据,但这些都是源于经验积累上的抽象总结,而非超出物质世界的神秘力量。

其次,法不仅包括法令制度,还上及天文,下统地理,中兼人情,统筹世间一切法则。自然与社会法则之间的一致性是《鹖冠子》道法的重要特色。起初最尊贵的是天,由于日月列星而具有"诚、信、明、因、一"的特性;然后北斗星确立了自己独一无二的地位,成为"道之用法",代表日月列星的"天"也依附于"一"而存在。《鹖冠子·度万》篇提出了天地化育万物的生成过程,从而"天人同文,地人同理",天地人之间互相感应,"一义失此,万或乱彼",任何局部的紊乱都会干扰整体的有序运行,在生生不息的宇宙层面贯通了自然界与人类社会。《鹖冠子·王鈇》篇在日月列星之天的基础上构建"成鸠之制",即是根据天、地、人的自然本性设计出的社会政治结构。《鹖冠子·泰鸿》篇明确说明"天、地、人事,三者复一也",建立起春夏秋冬四时、东西南北中五方、水木金火土五行、宫商角徵羽五音互相对应的时空观。《鹖冠子·天则》篇说明天、地、人的同一性,只不过加入了《鹖冠子·环流》篇中的北斗星之"一"根据。由此可见,想建立起一个如天地般永恒的理想社会,就要依照天地的自然法则来执行。

最后,圣人因道立法。圣人作为道法的先觉者,通晓天文地理,制定社会法则,从这个意义上说,圣人是生法者、立法者。《鹖冠子·环流》篇中言:"生成在己,谓之圣人。惟圣人究道之情,唯道之法,公政以明。"就是将圣人理解为道法的领悟者、法则的制定者。陆佃注解"非我则无法,非彼则无所用法。彼我玄同,盛德之至"。从道的客观角度来说"彼",从主体的实践来说"我",没有道,法就缺失了依据,但没有圣人之"我",法则也不能显明于世。只有"我"的认识与道相合,因道立法,才是隆盛至高的德行。《鹖冠子·兵政》篇中甚至说"圣生道",圣人不仅"生法",还可以"生道",这都是从认识方面来说的。"圣生道",说明道法必须通过圣人来显明,同时只有明了完备道法的圣人才有资格成为最高统治者。这为论圣贤与君王的关系,也就是德与位的关系提供了理论依据。唯此才能够理解《鹖冠子》"上贤为天子""师为君而学为臣"的政治主张。

通过《鹖冠子》以及陆佃注解内容可知，黄老学之"道法"与商、韩等法家之"法"已经有了实质性的区别。道法彰显万物的起源、本质、秩序，圣人因道立法莅临王位，在此基础上摆脱了血缘继承君本位，避免了私权扰乱社会的因素（"法令滋彰"），而遵循以民为本，成为追寻大同社会的基本准则。法的内涵，突破了度量意义上的法规、赏罚意义上的法律等约定俗成概念，在"道"的依据下得以丰富和完善，贯通自然、社会与人情，从而具有了深邃广阔的哲学意蕴。

四、宋元明清时期

陆游

陆游（公元 1125 年—1210 年），字务观，号放翁，出自山阴陆氏家族，为尚书右丞陆佃之孙。少时陆游因为家风熏陶和父亲的影响，爱国之情在内心萌芽生根。出仕为官后，其意图挽国家之危难，实现自己的壮志。陆游一生多次经历升官降职，在为官过程中提出了许多独具一格的思想，其中就包括他对当时的法治提出的一些意见。

陆游生于北宋灭亡时期，一生仕途坎坷，在乾道七年初，陆游应四川宣抚使王炎的邀请担任其幕府干办公事。在不足一年的时间里，陆游不仅积极为王炎出谋划策，还经常行走于各地了解战地情况。这段时间的经历给陆游带来实现理想的希望。但随着南宋北伐的战败，久病不愈的陆游最终遗憾离世。在动荡的时代以及儒学教育的影响下，陆游对仁政和国家法律有自己的主张和理解。司马光曾说："天地所生财货百物，止有此数，不在民，则在官。"这与王安石"因天下之力，以生天下之财；取天下之财，以供天下之费"的主张相悖。陆游从仁政的角度出发，对司马光这种只维护上层阶级利益的说法进行驳斥："司马丞相曰：'天地所生财货百物，止有此数，不在民，则在官。'其

> 说辩矣，理则不如是也。自古财货不在民又不在官者，何可胜数？或在权臣，或在贵戚近习，或在强藩大将，或在兼并，或在老释。方是时也，上则府库殚乏，下则民力穷悴。自非治世，何代无之！若能尽去数者之弊，守之以悠久，持之以节俭，何止不加赋而上用足哉？虽捐赋以予民，吾知无不足之患矣。"①

主张施仁政，废除凌迟酷刑

陆游从小接受的是传统的儒学教育，"仁政"和"忠君"是其法律思想的理论基础和最终目的。儒家强调仁者爱人，重德轻刑，孟子曰："民为贵，社稷次之，君为轻。"②君主若是为政不仁，那便是暴君，国家的政权也就失去了正当性。唐代贤能君王也都秉持仁政观念，魏徵在《谏太宗十思疏》中提出了"爱民"的重要性和必要性，即"怨不在大，可畏惟人。载舟覆舟，所宜深慎"③，得到了唐太宗的重视。"爱民"思想在刑罚中的体现就是审慎恤刑。

凌迟又被称为"陵迟""脔割"，是古代刑罚之一。犯有重罪被判处凌迟者要被行刑者一刀一刀割下身上的肉，历代凌迟行刑也有区别，直至清朝，凌迟还被作为一种刑罚施加于罪犯。宋代使用凌迟，始于太宗后期。到了真宗时期，使用凌迟的频率提高。神宗因为崇尚法家思想，秉持重法治世观念，凌迟在此时期的使用范围进一步扩大。真宗咸平五年（公元1002年），钱易在《上真宗乞除非法之刑》中指出："窃见近代以来，非法之刑异不可测。不知建于何时，本于何法，律文不载，无以证之。亦累代法吏不敢言，至于今日乃或行之。劫杀人、白日夺物、背军逃走与造恶逆者，或时有非常之罪者，不从法司所断，皆支解脔割，断截手足。坐钉立钉，钩背烙筋，及

---

① 《续资治通鉴》卷六十六。
② 《孟子·尽心下》。
③ 吴楚材：《古文观止》，上海古籍出版社2016年版，第276页。

诸杂受刑者,身见白骨而口眼之具犹动,四体分落而呻痛之声未息,置之圜圚,以示徒众。"① 马端临指出:"凌迟之法,昭陵以前,虽凶强杀人之盗,亦未尝轻用,熙丰间诏狱繁兴,口语狂悖者,皆遭此刑。"②

陆游研究凌迟时认为:"伏睹律文,罪虽甚重,不过处斩。盖以身首异处,自是极刑,惩恶之方,何以加此。"③明朝应槚解释凌迟,认为"凌"乃细割之意;"迟"乃缓缓之意,凌迟者常常痛极而死。封建制五刑中包括"笞、杖、徒、流、死",其中的"死"是指"绞"和"斩",陆游认为一个人罪大恶极也不过处斩而已,而凌迟更在五刑之外,其存在不具有合理性。另外,凌迟这类残酷刑罚的存在并不能震慑罪犯,降低犯罪率。陆游在《渭南文集》中道:"昔三代以来用肉刑,而隋唐之法杖背,当时必亦谓非肉刑杖背不足禁奸矣。及汉文帝、唐太宗一日除之,而犯法者乃益稀少,几致刑措。"④最后陆游从仁爱和人性本善的角度出发,提出教化民众惩治犯罪的关键不在于严苛刑罚,而是施行仁政。古代先有汉文帝"除肉刑之令",开启"文景之治"的盛世,后又有唐太宗施仁政而实现的"贞观之治",因而仁政比酷刑的作用更加有效。

主张限制宦官养子,反对宫刑施于幼童

宦官的产生要追溯到先秦和西汉,而当时并不是所有的宦官都是阉人。及至东汉时期,宦官队伍都为失去性能力的阉人。陆游反对宦官养子,主要有以下几个理由:

第一,宫刑本身就是极度残忍之刑。受宫刑者虽然保住了性命,但却一生耻辱,身心皆残。西汉史学家司马迁因替李陵败降之事辩解而受宫刑,在其《报任少卿书》中写道:"行莫丑于辱先,而诟莫大于宫刑。刑余之人,无所比数,非一世也,所从来远矣。""人固有一死,或重于泰山,或轻于鸿毛,用之所趋异也。太上不辱先,其次不辱身,其次不辱理色,其次不辱辞令,

---

① (宋)赵汝愚:《宋朝诸臣奏议》(下),上海古籍出版社1999年版,第1061页。
② 《文献通考》卷一百六十七《刑六》。
③④ 《渭南文集》卷五《条对状》。

其次诎体受辱,其次易服受辱,其次关木索、被箠楚受辱,其次剔毛发、婴金铁受辱,其次毁肌肤、断肢体受辱,最下腐刑极矣。"古人认为身体发肤受之父母,残缺身体中以宫刑最为让人不齿,可见司马迁内心的痛苦。司马迁作为一个心性刚直的成年人都如此难以忍受宫刑,更何况孩童。

宦官养子早在西汉就有所记载,据《后汉书》所载:"建武(汉光武帝)以后,乃悉用宦者。……天朝政事,一更其手,权倾海内,宠贵无极,子弟亲戚,并荷荣任,故放滥骄溢,莫能禁御。"①陆游认为应限制宦官养子,以仁政之本心来对待孩童,并且还冒死上奏皇帝,希望遏制这股不良风气。

第二,宦官人数充足并且有冗,实在无须再将孩童阉割,纳入其中。"且方今圣政日新,入无苑囿之观,出无逸游之好,诸军无承受,诸路无走马,中人所领,不过两宫扫除之职而已。"②且陆游提出,执意继续让宦官养子就会招致祸患。"内侍人佧养一子……以其争财起讼,诏自今年满三十无养父者,始听养子,仍以其名上宣徽院,违者准前诏抵死。咸平中,徐志通为温、台等州巡检,坐取李欢男四人为假子,又纵卒略民家小儿,致其母抱儿投海死,决杖配扫洒班"。③经陆游向皇帝建议后,先是减少了养子的数量,"内臣许养一子",后来干脆废除了宦官养子的旧例。自此,许多孩童都因陆游的正义直言而免受宫刑。

反对妖教,主张加强思想统治

南宋时期,金兵大肆侵犯宋朝国土,多次南下掠夺,百姓人心惶惶。这为各种宗教的滋生提供了契机。其中有一种秘密宗教传播甚广,称为"明教"。陆游《渭南文集》载:"淮南谓之二桧子,两浙谓之牟尼教,江东谓之四果,江西谓之金刚禅,福建谓之明教、揭谛斋之类。名号不一,明教尤盛。至有秀才、吏人、军兵亦相传习。其神号曰明使,又有肉佛、骨佛、血

---

① 《后汉书·朱穆传》。
② 《渭南文集》卷五《条对状》。
③ 《宋史·王仁睿传》。

佛等号。白衣乌帽，所在成社。伪经妖像，至于刻版流布。"①

明教的前身为摩尼教，是一个源自古代波斯宗教祆教的宗教，为公元3世纪中叶波斯人摩尼所创立。摩尼教认为，物质世界出现前，黑暗物质与光明精神互斗，出现后，则是黑暗入侵光明，所以摩尼教反对物质，认为是黑暗。而史书的记载亦较详细，可见该教在唐中期就声势颇大。经会昌一劫，摩尼教在中原民间被称为明教秘密流传，并逐渐与其他宗教结合，历经五代两宋仍不衰。自此明教与底层人民的斗争结合起来，成为农民起义主要的精神依托之一。

陆游对这些宗教的看法十分深刻。一方面，从"明教"的受众分析来看，他认为信仰明教的人不仅有普通百姓，还有秀才和官吏。明教利用这些人的好奇心，将世间所有神秘的、无法用当时的科学知识解释的事情归为神人的指示。秀才作为有知识文化修养的人，因为自身的局限性也不免深陷其中，并且明教还将这类人作为思想的传播者用以鼓吹自己。而官吏加入这些邪教的后果则更为严重。如果官吏的思想被邪教所控制，那么其政治言论甚至是军事实权都会被邪教所影响，从而颠覆王朝。另一方面，宗教信仰本身就是思想统治的工具。他认为对以宗教信仰为精神依靠的百姓来说，十分有号召力，长此下去，邪教思想就会动摇统治，成为危害皇权的不利因素。

陆游建议，对待传播妖教的人要严正刑罚，企图从预防和惩治两个阶段同时入手来达到震慑妖人、杜绝妖教的效果。除此之外，毁坏其传播媒介也是遏制邪教思想传播的另一个方式。妖画、经文都是蛊惑人心的工具，发现之后都必须加以销毁，以此来打击邪教，加强思想的统一。

"主张废除凌迟""反对施宫刑于幼童""反对妖教"都是陆游仁政、忠君思想的外在表现。陆游作为封建统治的维护者，虽然其思想有时代局限性，但是在当时的时代背景下，对社会确实发挥了维稳作用。其打击邪教的思想方针和路径，对现代社会打击邪教也有借鉴意义。通过对陆游法律思想的研究，我们不仅可以窥古还能望今，在今天国家法治建设的道路上，古人思想的闪光点依旧是我们不可忽略的宝库。

---

① 《渭南文集》卷五《条对状》。

尊王崇道、体恤民瘼[①]

尊王崇道是儒家思想所提倡的维护统治、建立"大一统"王权政治的重要内容。儒家强调用"君君、臣臣"的"礼"来规范士人的行为秩序,维护政权的稳定统治,构建一种王权至上的"大一统"政体。儒家倡导用一系列纲常伦理原则来限制人们的言行。

陆游作为一位有抱负的仁人志士,在给皇帝的一些文书中表达了其"尊王崇道、劝君勤政自勉"的思想:"虽陛下聪明英睿,自有所处。然臣窃观士大夫之私论,则往往幸虏之懦以为安。不知通和已二十余年,如岁且秋矣,而谓衣裘为不必备,岂不殆哉?大抵边境之备,方无事时观之,事事常若有余,一旦有变,乃知不足。伏望陛下与腹心之臣,力图大计,宵旰弗息,缮修兵备,搜拔人才,明号令,信赏罚……"[②]陆游希望君王能勤勉自律,关爱百姓。他还对君主选贤任能、虚心纳谏提出了自己的建议:"臣欲望圣慈令三省具诸路监司姓名,精加讨论,其不足当委寄者,例皆别与差遣,选有才智学术之士代之"[③];"举吏部之藉,缙绅之士几人,其得见君父者几人?……欲望陛下昭然无置疑于圣心,克己以来之,虚心以受之,不惮舍短而取长,以求千虑之一得,庶几下情得以毕达"[④];"夫宦寺之臣,自古所有,然晚唐以来,始进养子。童幼何罪,横罹刀锯。……今道路之言,咸谓员已倍冗,司局皆溢,而日增岁加,未闻限止"[⑤]。陆游虽官位不高,但一心为君王着想,密切关注国家的政治动态,时常提出开言路、限宦臣、废酷刑、反邪教等有针对性的建议,为社稷操劳。

除了对君主的提醒和建议外,陆游也坚持体恤民瘼。一方面可以维护君主的权力和统治,另一方面又对君主及君权的行使设有一定的限制和规范,对中国古代社会政治秩序的稳定起到了重要作用。陆游认为"民为国本、政在养民、民水君舟"是核心的君民关系理论。他在文章中指出"欲望圣慈

---

① 参见李庆龙:《〈春秋〉学对陆游爱国主义思想的影响》,载《钦州学院学报》2013年第9期。
②④ 《渭南文集·上殿札子》。
③⑤ 《渭南文集·条对状》。

特命有司除凌迟之刑，以明陛下至仁之心，以增国家太平之福"①，主张减轻刑罚，以厚养生民；"臣伏观今日之患，莫大于民贫，救民之贫，莫先于轻赋。……臣昧死欲望圣慈恢大度，明远略，诏辅臣计司，博尽议论，量入而用，量用而取"②，即体恤民力，减轻赋税，这都表现了陆游的爱民、恤民之思想。在陆游的诗中，有大量的农事诗，描写农村风情习俗的和谐美景，比如《二月二十四日作》："棠梨花开社酒浓，南村北村鼓冬冬。且祈麦熟得饱饭，敢说谷贱复伤农。"他看到村民祈求丰收的景象，不忍说伤农之言，作《秋获歌》："数年斯民厄凶荒，转徙沟壑殣相望，县吏亭长如饿狼，妇女怖死儿童僵。岂知皇天赐丰穰，亩收一锺富万箱。我愿邻曲谨盖藏，缩衣节食勤耕桑，追思食不餍糟糠，勿使水旱忧尧汤。"这都无不体现着陆游悯农、爱农的思想。

---

① 《渭南文集·条对状》。
② 《渭南文集·上殿札子》。

韩宜可

韩宜可,字伯时,浙江绍兴府山阴县人。韩宜可很早就进入了仕途,在元、明两朝都做过官,曾任都察院监察御史,最高官至都察院左副都御史。在主持监察工作的期间,他因刚正敢言而名震朝野,弹劾不避权贵,被时人称为"快口御史"。

熟识法律,执法公允

韩宜可曾任都察院监察御史,"明习法令历宪章",熟悉当时的法律制度,力求司法公正,并提出建议:在立法与司法实践中,行为人所犯的罪行与应当承担的刑事责任和接受的刑事处罚应当统一。《万姓统谱》云:"宜可虽以文学名,然明习法令,历宪台,多所平反,世称老吏云。"① 洪武九年(公元1376年),被判刑为笞刑以上的官吏都贬至凤阳屯田,这些犯人的数量

---

① (明)萧良干修,(明)张元忭、孙鑛纂:《万历绍兴府志》,李能成点校,宁波出版社2012年版,第785页。

达到数万。时任陕西按察司佥事的韩宜可上疏争辩说:"刑以禁淫慝,一民轨,宜论其情之轻重,事之公私,罪之大小。今悉令谪屯,此小人之幸,君子殆矣。乞分别,以协众心。"①明太祖要求对谪戍案件重新复查,结果一批冤假错案被查出,因此,韩宜可的建议得到明太祖的认可。韩宜可的建议中体现了现代法治中的"罪责刑相适应"原则,可见其研读律法见识之深,功底之厚。

尊重礼法,以人为本

韩宜可也是一名具有时代特征的官员,他遵守儒学经典的礼法原则,不仅严于律己,而且在公事上体现出古代优秀的法律思想。明太祖将籍没入官的(罪犯的)妻女赏赐给各衙门官吏,唯独韩宜可不接受。他极力辩说:"罪人不孥,古之制也。有事随坐,法之滥也。况男女,人之大伦,婚姻逾时,尚伤和气。合门连坐,岂圣朝所宜!"②明太祖感慨其清正之风,并为其浓厚的儒家法律思想所折服。韩宜可以古鉴今,要求废除牵连无辜、破坏人伦的赏赐命令,从中可以看出,韩宜可在执法或者司法过程中,借鉴古代儒家文化的精髓,并将优良原则适用于法律活动中,间接实现了限制皇权扩张、维护社会立法秩序、尊重犯人的人格尊严等目的。

锄奸显忠,打击贪腐

韩宜可曾任都察院监察御史,以刚正敢言而闻名。明洪武十五年(公元1382年)改前代所设御史台为都察院,又依十三道,分设监察御史,巡按州县,专管官吏的考察、举劾。韩宜可在都察院监察御史任职期间,曾上疏言事二十余次,世称"敢言"。《明史》中记载:"时丞相胡惟庸、御史大夫陈宁、中丞涂节方有宠于帝,尝侍坐,从容燕语。宜可直前,出怀中弹文,劾三人险恶似忠,奸佞似直,恃功怙宠,内怀反侧,擢置台端,擅作威福,乞斩其

---

①② 《明史·韩宜可传》。

首以谢天下。帝怒曰：'快口御史，敢排陷大臣耶！'命下锦衣卫狱，寻释之。"① 后世皆称颂其为官清廉，匡扶正义。

推动云南法制教育发展

韩宜可曾在谪居云南期间积极推动云南地区文化教育，并实现该地区的儒家礼法的传播与发展。作为熟谙儒家经典的文人学士，韩宜可与同被贬云南临安府的王景一起交往地方人士，并悉心教导当地子弟。《云南通志》云："（韩宜可）行谊纯笃，能诗文，一时士大夫多尊礼之，使子弟受学。"② 明正德年间编纂的《云南通志》也说："初，临安人不知学，自二公来相与讲论庚唱，郡中子弟翕然从之，于是文教始兴，至今犹景仰焉。"③ 二公在云南期间"箪瓢屡空，不以介意，日以经史自娱。虽故人馈遗，非义者一不受，自总兵西平侯及文武缙绅莫不礼重之，仰思朝廷声教轶于前代。"④ 韩宜可与王景在云南临安坚持讲学十五年，开临安文教之先河，培养出了一大批人才，也为礼法在云南地区的传播做出了巨大贡献。

---

① 《明史·韩宜可传》。
② 李春龙：《新纂云南通志》（第4卷），江燕点校，云南人民出版社2007年版，第399页。
③ 方国瑜：《云南史料丛刊》（第6卷），徐文德、木芹、郑志惠纂录校订，云南大学出版社2000年版，第281页。
④ 沈乃文：《明别集丛刊》（第1辑，第29册），黄山书社2013年版，第157页。

何鉴

何鉴（公元1442年—1522年），字世光，号五山，新昌人，明朝著名大臣。他从小就胸怀大志，立志忠君孝顺。成化四年，他通过乡荐，并在第二年登张升榜成为进士，被朝廷任命为宜兴知县。由于担任知县有功，何鉴被提升为山西道监察御史，巡行宣府、大同等地。在任内，他以监察职权奏请弹劾巡行地方的不称职官吏数十人。《明史》记载："（何鉴）还巡太仓。总督太监辛犯法，逮治之，为所构，下锦衣狱。得释，再按江北。"①成化十七年，他出任河南知府。成化二十三年，他又出任山东左参政，后调任四川左、右布政使。孝宗弘治六年，何鉴担任右副都御使，主要职权是巡抚江南，并负责杭州、嘉兴、湖州三府税收粮食征收管理。后又重新巡抚山东，升迁为刑部侍郎。因母亲去世，他为了守孝而申请离职。弘治十八年，他回到朝廷，重新任职刑部侍郎，并担任左佥都御史。武宗正德二年，他升任南京兵部尚书。正德六年，任刑部尚书。当时，河北、河南、山东、山西、江

---

① 《明史·何鉴传》。

> 西等地农民先后起义，兵部尚书王敞镇压不力，朝廷以何鉴代兵部尚书。因为镇压得力，被皇帝加封为太子太保。正德八年，他被诬陷并被弹劾。最终，何鉴于嘉靖元年去世。

民生为本，合理立法

何鉴一生的仕途经历可提炼出两个主要法律思想，第一个是民本思想，体恤百姓。何鉴在立法、执法的过程中充分考虑百姓的需求，以造福百姓为出发点，积极提出治理的建议以供皇帝抉择。他的建议被皇帝采纳之后，往往被作为优秀的治理经验而推广至全国各地，成为各地官员处理地方政务的榜样。在地方任职过程中，何鉴从事实出发，积极推动合理化治理。

何鉴在地方任职多年，经常处理灾荒等事宜，所作所为为地方百姓所信服。在何鉴巡视江北的时候，住在凤阳皇陵附近的百姓经常采集背运树木当柴火用，往往会进入皇陵的管辖境内。当时法令规定，进入皇陵的百姓被抓住要定死罪。守卫皇陵的士兵依照禁令虐待拾木的百姓。何鉴奏请朝廷按照山麓地形划分皇陵的边界，在边界之外的地方采伐树木的百姓不会获罪。该法令得到批准，并成为定例。

弘治六年（1493年），何鉴担任右副都御使，在江南任职。在任期间，苏州等地区发生水灾，他要求发放十五万多石的漕运大米赈灾。在治理水灾过程中，他与侍郎徐贯组织百姓疏通了吴淞、白茆等地的沟渠，使得洪水流入东海，基本解决了该地区的水患问题。弘治十八年，何鉴前往河南、湖广、陕西清查户口，得知当地漏报的户口达到二十三万五千余，上疏奏请妥善处理该事的十条建议，并陈述一些军队百姓的利益和疾苦。武宗继位后，将其该建议全部交付地方去实施。

成化十七年，何鉴出任河南知府。由于河南连续几年发生灾荒，他开仓赈济，并上奏分条陈述意见，总结为《救荒十事》。正德年间，由于百姓起义，何鉴上奏请求罢黜地方贪腐且不称职的官吏，停止一些不紧急的工程劳役，使得服役的农民能够回家务农，并要求地方提供资金，使得农民可以购买耕牛及农用种子用于农耕，并免除农民三年的徭役。明武宗采纳其建议，并要求地方落实，农民起义问题终于得到解决。

何鉴当官近五十载，虽然其间曾两次为了守孝而回家，但其体恤百姓，以德化民，不仅为皇帝所欣赏，还造福地方。何鉴的家乡百姓歌颂其仁德之事，总结为十件实事，因此何鉴被称为"十德公"，此外，百姓还为他树立了祠庙。他关心民众，服务地方的十项事业主要有：一是请筑长堤，二是丈量田亩；三是减少军需；四是革除多余的办公人员；五是整修京杭运河的航道；六是减轻百姓的徭役；七是撤并乡里以简便管理；八是救灾赈荒；九是迁移仓廒，便于百姓；十是修建通衢之路。

刚正不阿，打击贪腐

何鉴一生刚正不阿，始终与贪腐势力作斗争。何鉴所任职务颇多，并先后经历了地方与中央的任职历练，成为皇帝的得力助手。他不负众望，始终如一，敢于直言，弹劾贪官，惩治腐败。《明史》专门记载何鉴的事迹，以此为传。何鉴从小的抱负以及一以贯之的坚持，造就了他不屈服权贵的精神品质。成化年间，由于何鉴担任宜兴知县有功，被提升为山西道监察御史。在此任内，他以监察职权奏请弹劾巡行地方的不称职官吏数十人。在巡视太仓过程中，他因为依法惩治作恶的官吏，触怒了一些有权有势的官员，被人诬陷诽谤，并因此入狱，在事实查清之后被释放。武宗正德二年（公元1507年），他升任南京兵部尚书，积极参谋，尽忠职守。当时，刘瑾得到皇帝宠爱，手握大权，很多官员巴结他。但是，何鉴守正不阿，与刘瑾划清界限，以公平正直之心，屡次打击宦官刘瑾的贪腐党羽。刘瑾痛恨何鉴与他作对，便故意编造事实克扣何鉴的俸禄，何鉴的生活因此十分拮据，但他不屈服于刘瑾的权势，直至刘瑾伏法后，何鉴的生活才开始好转。何鉴不屈权贵，始终如一地遵守奉公执法、清廉为民的原则，使得他成为股肱之臣。

宁王朱宸濠谋求恢复护卫之职，何鉴极力遏止。都督白玉因为失职罢官，用重金贿赂豹房各宠幸大臣谋求复职，何鉴坚决不听从。受宠幸大臣唆使刺探情况的人揭发何鉴家奴仆收取将校的金钱，谏言官于是纷纷上奏章弹劾何鉴，他便辞职离去，九年后去世，享年八十岁。

四、宋元明清时期

王阳明

王守仁（公元1472年—1529年），字伯安，浙江余姚人；曾隐居浙江绍兴阳明洞，又曾创办阳明书院从事学术研究与讲学，自号阳明子，故世称阳明先生。他是明中叶著名的哲学家、政治家、思想家、军事家，陆王心学之集大成者，精通儒家、道家、佛家，且能统军征战，是中国历史上罕见的全能大儒；其学说世称"阳明学"，在中国、日本、朝鲜半岛都有重要而深远的影响。他官至南京兵部尚书、南京都察院左都御史，因平定"宸濠之乱"等军功而被封为新建伯，隆庆年间追赠新建侯，谥文成，故后人又称王文成，著有《王文成公全书》。王阳明的法律思想通过其著述以及其系列的政治措施得以表现出来，他倡导的"心学"在明中期封建统治极度腐败、程朱理学逐渐僵化的情况下出现，具有时代意义；这也是自北宋以来理学扬弃佛道不断发展的结果，在整个理学的发展过程中占有重要地位。王阳明富有创造精神，他的哲学摆脱了当时程朱学派的经院习气，有着勇往直前的气概，充满了活力。

创立心学以致良知

王阳明所创心学,是儒学的一门学派,最早可追溯自孟子,是由王阳明发展起来的儒家学说。王阳明继承陆九渊强调"心即是理"之思想,反对程颐、朱熹通过事事物物追求"至理"的"格物致知"方法。他认为朱熹要求人们绝对服从抽象的"天理"是没有道理的,不符合现实社会的客观实际。他认为"天理"就在每一个人的心中,要求人们"知行合一",通过提高自己内心的修养和知识水平,去除自己的私欲与杂念,从而达到社会的和谐运行,即"致良知";教化人们应将道德伦理融入日常行为中,以良知代替私欲,就可以破除"心中贼"。此外,王阳明主张"致良知",认为只有疗救人心,才能拯救社会,只有每一个人去掉内心世界的"恶欲"和"私欲",才能解决现实社会问题。王阳明的"心学"肯定了每一个人的感性认识,更贴近现实生活,在明中后期有重大的社会影响。"人欲"战胜"天理",是明代中期以后商品和社会经济发展的必然要求。因此,王阳明"心学"一出,学子蚁聚,风气大开,迅速成为当时社会上的又一种主流思想。[①]

厚教化、薄刑威礼法合治思想

在传统社会治理模式中,德与刑之间的先后关系、大小关系、本末关系、轻重关系是有效推动礼法合治的前提条件。王阳明的礼法合治思想在心学思想体系的基础上表现为"礼先法随"的价值序列,这与传统"德主刑辅"思想相类似。[②] 王阳明在具体的治理策略上依靠德主刑辅的手段进行社会治理,并取得了良好的治理实效。厚教化、薄刑威是王阳明法律思想的核心原则。

---

① 参见余钊飞:《王阳明的治理策略与法律思想》,载《人民法院报》2018年11月2日,第5版。
② 陈华森、刘亚鹏:《王阳明礼法合治思想探寻》,载《云南大学学报(社会科学版)》2018年1月18日。

王阳明指出,"夫仁慈以惠良善,刑罚以锄凶暴,固亦为政之大端"①。他主张德礼为治国之本,刑罚为治国之末,良好的法治是礼治的根基:"夫刑赏之用当,而后善有所劝,恶有所惩,劝惩之道明,而后政得其安。"②在他看来,统治者如果善用赏罚的手段,就可以勉励那些有善性的人和事,防止有恶性的人做坏事,有助于社会治理。如果善无赏、恶无罚,纪律不能申明,法律无威慑,法治混乱,则礼治亦无法实施。③王阳明强调天下没有不可教化之人,只要统治者认真以德礼推行教化,就可以"变盗贼强梁之区为礼义冠裳之地"④。同时,德礼教化也应以刑罚作为基准保障,"推选父老弟子知礼法者晓谕教饬,令各革心向化,自求生路,限在一月之内,仇者释其怨,愤者平其心,逋者归其负,罪者伏其辜,具由呈来,仍旧待以良善"⑤。对于"子弟群小中或有不遵教诲,出外生事为非者,父老头目即与执送官府,明正典刑"。⑥在王阳明看来,这种先礼后法、先礼后兵、先教后刑的治理方式,既可得民心,又能树权威。

赏罚观念与社会治理

王阳明的法律思想以建立在律文上的暴力工具和建立在军队上的武力机关为后盾,通过赏来激励民众,通过罚来威慑民众,以惩恶扬善的方式进行统治。作为礼治的补充手段,赏罚成为王阳明在治理社会过程中采取的次要方式。王阳明曾在军事管理中多次提到赏罚的重要性,其赏罚观念建立在"灭人欲"的心学体系之上,通过赏罚两种手段来申明纪律,以达到行法振威的目的。王阳明非常重视赏罚,认为赏罚同样也是国家治乱的基础,公正有力的赏罚能劝勉善者知其善而更善,恶者知其恶而弃恶从善。

---

① 《王阳明全集·牌行崇义县查行十家牌法》。
② 《王阳明全集·绥柔流贼(五月)》。
③ 陈华森、刘亚鹏:《王阳明礼法合治思想探寻》,载《云南大学学报(社会科学版)》2018年1月18日。
④ 《王阳明全集·立崇义县治疏》。
⑤ 《王阳明全集·晓谕安仁余干顽民牌(正德十五年二月)》。
⑥ 《王阳明全集·告谕新民》。

王阳明认为，刑罚过轻或过重都达不到惩治犯罪的效果。统治者应根据情节轻重和功劳大小进行合理奖惩。如果赏之过轻或罚之过重，赏罚的意义就凸显不出来，达不到劝善惩恶的目的。对于那些据法而难容、据理而情非得已的人犯罪，应合理地权衡情法轻重，进行适当的刑罚。这一主张与董仲舒主张的春秋决狱之原心定罪原则有异曲同工之妙，即结合犯罪者的犯罪主观动机和犯罪后果来判刑定罪。王阳明还认为，赏罚必须公正严明。① 他曾指出时下士气不振的原因在于"规利避害者获免，委身效职者难容"②，因此偷靡之风盛行。故而，充足的兵力需要严明的赏罚，否则军队就会松弛而失去应有的战斗力。"古之人君执其赏罚，坚如金石，信如四时，是以令之所播如轰霆，兵之所加无坚敌，而功之所成无愆期。"③ 只有赏罚分明的律令才能够使军队获得无坚不摧的战斗力。法令是人制定并执行的，所以王阳明还指出，要实现善法善治就必须由公正的贤人来立法执法，否则法令一旦落入徇私枉法之人手中，必定会产生严重危害社会的后果，"人存政举，但奉行不至，则革弊之法，反为流弊之源"④。统治者个人的素质决定政治效果这一关系，在王阳明思想中得到了充分体现，这也与先秦儒家所提倡的人治理论有异曲同工之妙。

　　公正严明的赏罚必须及时兑现，才能实现赏罚的最终目的。"赏不逾时，罚不后事"是古人论及奖惩时效的原则。王阳明就军纪赏罚指出，"罚典止行于参提之后，而不行于临阵对敌之时；赏格止行于大军征剿之日，而不行于寻常用兵之际"⑤，此乃兵法之大忌。在临阵对敌的战场上，赏罚的有效运用能够使士兵士气大振，而在日常行军过程中的巧妙运用，则能激励督促士兵对军令的严格服从，因为"过时而赏，与无赏同；后事而罚，与不罚同"⑥。过了时间再进行奖赏就等于没有赏，过了时间再进行惩治就等于没有罚，若赏罚失去了时效性，那么奖惩的效果也会大打折扣。

---

① 陈华森、刘亚鹏：《王阳明礼法合治思想探寻》，载《云南大学学报（社会科学版）》2018 年 1 月 18 日。
② 《王阳明全集·收复九江南康参失事官员疏》。
③ 《王阳明全集·升荫谢恩疏（十四年正月初二日）》。
④ 《王阳明全集·批江西布政司清查造册呈（四月十六日）》。
⑤⑥ 《王阳明全集·申明赏罚以励人心疏（十二年五月初八日）》。

王阳明以博大的胸怀吸纳了法家关于赏罚的观点，并在此基础上发展出了情法交申的赏罚观。不可否认，因受到封建社会特有的时代局限与阶级局限，其法律思想不免带有一定程度的权治色彩。但经仔细挖掘可以发现，他注重赏罚的公正严明、赏罚的时效等问题，这种具有辩证思维和系统论特征的思想仍值得现代社会治理借鉴。①

因地制宜的法治理论②

王阳明强调，在立法时应考虑时代的特殊性与地域的差异性。他认为法律的制定"犹行陆者必用车马，渡海者必用舟航"，即应根据当地的具体情况区别对待。王阳明认为应当"因地势之便，从民心之欲"③，即应考虑地理位置的不同和尊重当地居民的风俗习惯，不能拘泥于辖区的界限，也不能用行政手段简单地硬性规定。针对苗疆等少数民族叛乱不断的现象，王阳明主张因地制宜实施有地方特色的法律制度。他认为："思、田地方，原系蛮夷瑶、僮之区，不可治以中土礼法。虽流官之设，尚县不可，又况常设重臣，驻扎其地。"④因此，他主张立法应"以顺其情不违其俗，循其故不易其宜"，这一主张集中表现了王阳明因地制宜的立法思想。⑤

王阳明强调，在执法时也应考虑时代的特殊性与地域的差异性。对于执法，王阳明认为由于"地里遥远，政教不及，小民罔知法度"，⑥应灵活掌握"词讼差遥钱粮学校等项，俱听因时就事，从宜区处。应申请者申请，应兴革者兴革，务在畜众安民，不必牵制文法"。⑦他主张在司法活动中应"情法交申"，区别不同情况分别对待。他认为对属于同一罪名的不同犯罪行为，

---

① 陈华森、刘亚鹏：《王阳明礼法合治思想探寻》，载《云南大学学报（社会科学版）》2018年1月18日。
②⑤ 参见余钊飞：《王阳明的治理策略与法律思想》，载《人民法院报》2018年11月2日，第5版。
③ 《王阳明全集·再请疏通盐法疏》。
④ 《王阳明全集·地方紧急用人疏》。
⑥ 《王阳明全集·添设清平县治疏》。
⑦ 《王阳明全集·牌行崇义县查行十家牌法》。

"就其情罪轻重而言，尚亦不能无等"。①

王阳明所处的时代是明朝中期最为腐败的正德时期，皇帝昏庸无度，宦官专权，农民起义不断，社会动荡，贤良受害。王阳明"心学"一出，学子云聚，风气大开，"心学"思想开始成为社会主流。纵观王阳明的一生，作为军事家和政治家，立下不世之功，彪炳史册；作为思想家，开创儒学新天地，成为一代"心学"宗师。正如梁启超对王阳明的评价："他在近代学术界中，极其伟大，军事上政治上，亦有很大的勋业。"

教化百姓，息诉罢争

他在庐陵县上任之后，对于政事，不用盛刑，专以开导人心为本。这不是他的迂腐处，乃是他为政的重要学问。他已知道用刑是治不好人民的，唯有正本清源，先从开导人心起，方易收民善之效。

王阳明的好友湛若水曾说：阳明在庐陵，"卧治六月而百务具理"。王阳明一到任所，先把里役一个一个分头传来，详细盘问，把乡里人户谁富谁贫、谁奸谁良考察得清清楚楚。众百姓前来告状，把状子一齐收好，不立即开庭审理，而是先考稽旧制，选举县中三个年高德厚、品端行粹的老人，作为治理词讼之事的总裁判，自己则只在旁边做个监督，坐视三老审判。因为在百姓心目中，最敬重的就是年长且德行高的人，所以俗有"凡事要好，须问三老"之谚。王阳明看到了这点，故选三个有德的老人来主持讼事；如若有诉讼，便由三老对来诉讼的人委曲劝谕，百姓一般均悔过自责。明代的诉讼之风，原本非常之盛，而庐陵县的百姓更是健于讼争。自从王阳明这样把人心一一开导，便都觉得诉讼是极不好的事；除非是万不得已，方来诉讼，否则再也不来。王阳明又时时张贴告示，劝慰父老，叫他们督教子弟，不许游荡邪放。由是积弊渐除，囹圄为之日清。

---

① 参见董晶晶：《王守仁的法律思想》，载《法治》2011年第8期。

以格物致知指导司法审判

王阳明常以格物致知等学说指导司法审判实践。他在江西任官时曾对一专职司法的属官说:"我何常叫尔离了簿书讼狱,悬空去讲学?尔既有官司的事,便从官司的事上为学,才是真格物。如问一词讼,不可因其应对无状起个怒心,不可因他言语圆转生个喜心,不可恶其嘱托加意治之,不可因其请求屈意从之,不可因自己事务烦冗随意苟且断之,不可因旁人潜毁罗织随人意思处之。这许多意思皆私,只尔自知,须精细省察克治,惟恐此心有一毫偏倚。这便是格物致知,簿书讼狱之间,无非实学,若离了事物为学,却是着空。"① 在王阳明看来,理论必须与实践相结合,任何脱离实践的空谈理论都是无意义的。理讼断狱也是如此,要本着格物的精神和原则,以事实为依据、以法律为准绳,不能枉法任私、敷衍了事,更不能滥判滥罚。正如近代改革思想家梁启超所云,我们之所以会错判事理,就是因为容易被"私的意见"所蒙蔽。只有把这种种"私"去掉,才会公正衡平。凡事只要以客观事实为依据,采取客观的态度来对待,不掺杂丝毫主观的成见及计较,便没有不清楚的事理。② 所以,在王阳明看来,司法官判断事实、裁判案件的过程,其实就是格物致知的过程。格物致知,既使司法官坚守本心减少外界影响,同时也保证了司法的公正和公平。

重视乡约推进十家牌法③

传统的中国社会是靠郡县制来统治的,这一统治的最基层单位是县,在县以下没有政府派出机构。清朝以前,在县以下的民间社会中,实际上实行着一种乡里制度。这是一种与中国传统的宗族制、家长制相联系并由政府控制的民间组织形式。这种组织形式在秦汉以前叫什伍之法,从汉到隋唐称

---

① 《传习录·陈惟濬记》。
② 梁启超:《梁启超全集》(9),北京出版社1999年版,第4912页。
③ 余钊飞:《王阳明的治理策略与法律思想》,载《人民法院报》2018年11月2日,第5版。

乡里之制，宋以后改为保甲制度。《十家牌法》是针对包括赣南在内的南赣地区社会动荡复杂、为盗之风盛行的局面而设立的。王阳明试图以《十家牌法》来重新掌握地方社会人口流动状况，并通过实行半军事化的管理来根治盗贼。该法规定十分细密，使保甲制度逐渐走向成熟和完善。《十家牌法》规定每十家为一牌，牌上注明各家的丁口、籍贯、职业，轮流巡查。一家隐匿盗贼，其余九家连坐。如有人口变动，需向官府申报，不然被认定为"黑户"。他说："访得所属军民之家，多有规图小利，寄住来历不明之人，同为狡伪欺窃之事；甚者私通畲贼，而与之传递消息；窝藏奸究，而为之盘据贪缘；盗贼不靖，职此其由。合就行令所属府县，在城居民，每家各置一牌；备写门户籍贯，及人丁多寡之数，有无寄住暂宿之人，揭于各家门首……但有面目生疏之人，踪迹可疑之事，即行报官究理。"①《十家牌法》具体规定："凡置十家牌，须先将各家门面小牌挨审的实，如人丁若干，必查某丁为某官吏，或生员，或当某差役，习某技艺、作某生理，或过某房出赘，或有某残疾，及户籍田粮等项，俱要逐一查审的实。十家编排既定，照式造册一本留县，以备查考。及遇勾摄及差调等项，按册处分，更无躲闪脱漏。一县之事，如指诸掌。"②

除了有预警和缉盗功能外，《十家牌法》还有推行"教化"的一面。王阳明坚持治民的根本方法在于教化："有司徒事刑趋势迫，是谓以火救火，何益于治？若教之以礼，庶几所谓小人学道则易使矣。"③因此，他在平乱的同时建立了保甲制度，并领导订立了"乡约"，欲从实践上以行政措施来推行教化。④王阳明在组织保甲制度的同时，还创立了乡约组织，设约长、约副、约正、约史、约赞等。乡约组织的活动宗旨为："孝尔父母，敬尔兄长，教训尔子孙，和顺尔乡里，死丧相助，患难相恤，善相劝勉，恶相告诫，息讼罢争，讲信修睦，务为良善之民，共成仁厚之俗。"⑤王阳明极力推行的"乡约"制度，即在一个乡约中通过"一长三簿一会"强化道德规范的教化作用。

---

① 《王阳明全集·案行各分巡道督编十家牌》。
② 《王阳明全集·申谕十家牌法》。
③ 《王阳明全集·牌行南宁府延师礼（八月）》。
④ 参见董晶晶：《王守仁的法律思想》，载《法治》2011年第8期。
⑤ 《王阳明全集·南赣乡约》。

一长,即推选"年高有德为众所敬者为约长"。三簿,即设立一簿记"同约姓名及日逐出入所为";另设立"彰善"簿,以表彰好人好事;设立"纠过"簿,以批评坏人坏事。一会,即定期举行由全乡人参加的"全约大会",在会场设"告谕牌"和"香案",又"设彰善位于堂上""设纠恶位于阶下",以表彰好人好事,劝善戒恶,息讼罢争,借此使为善者继续为善,为恶者改邪归正,以达到"正风俗"的目的。王阳明多次发布《告谕》,要求"每家给与一通,其乡村山落,亦照屯堡里甲分散"[①],并让各地广泛宣传《告谕》。《告谕》的内容主要有四个方面:第一,节俭办丧事,不得用鼓乐、办佛事;第二,有病不求巫;第三,婚事从俭,不得大会宾客、酒食连朝;第四,"街市村坊,不得迎神赛会,百千成群"[②]。通过这些政策的实施,使得朝廷对于基层社会的治理能力得到明显提升。

---

① 《王阳明全集·仰南安赣州府印行告谕牌》。
② 《王阳明全集·告谕》。

罗万化

罗万化（公元 1536 年—1594 年），字一甫，号康洲，明代会稽伧塘（今浙江上虞）人。穆宗隆庆二年（公元 1568 年）戊辰科状元，授翰林院修撰，升侍读。罗万化的才能和品德在当时深得权臣张居正的赏识，却由于为人刚正不阿，一直不肯奉迎张居正。罗万化登第后，曾主修《大明会典》。当时张居正为内阁首辅，看中了罗万化的才学和人品，想招至自己门下，曾托人将此意转告罗万化，罗万化严辞拒绝。张居正的仆人尤七私下请罗万化为其作记，罗万化怒道："吾为天子侍臣，怎能为仆人作记？"罗万化为科考官时，张居正又为其子向罗万化讨教试题，罗万化拂衣而起，说道："吾晚装两篚，明旦出宣武门，而谓我难去官乎？"因其刚直率真，多次开罪于首辅张居正，所以官职近十年没有升迁。直到张居正去世，罗万化才得以升任国子监祭酒、礼部侍郎。后来罗万化的父亲去世，丁忧回乡，在这期间他慷慨出资赈灾救民。在丧服满期后，罗万化出任吏部侍郎，后又升礼部尚书、国史馆副总裁。后由于不满朝政，罗万化多次上奏请求告老还乡，皇上在其十数次上奏后才应允。其后，罗万化不幸死于归乡途中，皇上听闻后追赠他太子少保头衔，谥文懿，入祀乡贤。

> 罗万化一生经历明嘉靖、隆庆、万历三朝。这个时期，豪门和宦官专权，朝政腐败，纲纪荡然，法制松弛；贵族豪强地主兼并土地之风日益严重，国家财政收入锐减，入不敷出；军备废弛，南倭北虏交相为患；农民起义此起彼伏。罗万化面对这样严峻的社会现实深为忧虑，他也极力主张进行力所能及、符合实际的改革。罗万化应对穆宗的策问《外攘内安之道》开篇道"臣闻人君之治天下者也，必安攘并举而后可以成天下之至治；必明断并行而后可以收天下之实功"[①]，十分符合穆宗的想法。

强调安攘并举、明断并行和上下一心

在治理国家方面，罗万化不仅在具体的问题上有其独到见解，而且在通盘大局上也有颇具借鉴意义的观点。首先，在面对穆宗的策问，关于如何才能将偌大、事务繁多的国家治理好的问题时，他提出"安攘并举而后可以成天下之至治，必明断并行而后可以收天下之实功"的观点，明确治理国家时的通盘策略，即安内和攘外要一起实施，不可以偏废一项，此外，君主必须具有英明果断的品质才能使得治理国家的措施得到及时有效的实行。在此基础上，罗万化又进一步提出君臣需要上下一心才能在正确的大政方针之下将国家治理好，君臣之间应"君以实心主之，而委任以责成者，恒出之以英明果断之勇，臣以实心效之，而分龄以宣力者，每竭之以左右替相之诚"。[②] 他还特别提出"君臣道合而百度贞，上下志同而万化广"[③]的观点，只有如此才能真真切切地实现国家的长治久安。

提倡重本务农，唯贵谷粟

针对当时"游惰者多，归农者鲜"的现象，即许多民众离开土地不从事

---

① 邓洪波、龚抗云编著：《中国状元殿试卷大全》（上卷），上海教育出版社2006年版，第1085页。
②③ 邓洪波、龚抗云编著：《中国状元殿试卷大全》（上卷），上海教育出版社2006年版，第1086页。

农活导致国力日衰,穆宗在策问中问道:"四方浮惰者众,未尽归农也。何以使人皆力本而不失业欤?"①罗万化就此提出其观点:"故务本重农以厚民之生,而于以成顺治之休"②,"今皇上诚欲驱天下之民而皆力于本,其道无他,惟贵谷粟而已矣"③。罗万化在治理国家这方面所具有的独到洞察力,不但体现在他能敏锐地意识到在当时的环境下"欲财用之不竭,国家之常裕,鬼神之常享"④就必须重农务本,更在于他能一针见血地指出这项关系社稷民生问题的根结点在于"谷贱故耳",并在此基础上提出"惟贵谷粟"的对策。罗万化在这项涉及国家根本的问题上明确表明了他的态度:"臣愿贵五谷,贱金玉,而晓然使知百谷之重"。⑤

修屯政,理盐法

面对"屯政""盐法"等出现的积弊已久的问题,罗万化在分析原因的基础上,认为需要从根本上予以治理才能彻底解决,即"辟之医者,不治其本而唯治其标,亦终必死而已矣,欲农商之两利也,胡可得哉!"⑥在屯田之法上,他主张进行"履亩而正界""间岁而代耕",即对天下的土地进行清丈,对服役士卒实行代耕的工作。并且指出,在田土面积日益减少的情况下,可以开垦湖山斥卤盐碱之地、清查奸豪、驱率"游手游食"的人来增加田地的面积。"履亩而正界"虽然在当时并没有能够及时实行,但后来的事实证明这一做法是颇具前瞻性的。在"盐法"修改的问题上,他主张以"总其权于上,而布其利于下"来避免"法禁愈严而盐法愈不理"的局面。

---

① 邓洪波、龚抗云编著:《中国状元殿试卷大全》(上卷),上海教育出版社2006年版,第1085页。
② 邓洪波、龚抗云编著:《中国状元殿试卷大全》(上卷),上海教育出版社2006年版,第1086页。
③④ 邓洪波、龚抗云编著:《中国状元殿试卷大全》(上卷),上海教育出版社2006年版,第1087页。
⑤ 邓洪波、龚抗云编著:《中国状元殿试卷大全》(上卷),上海教育出版社2006年版,第1088页。
⑥ 邓洪波、龚抗云编著:《中国状元殿试卷大全》(上卷),上海教育出版社2006年版,第1089页。

四、宋元明清时期

刘宗周

刘宗周(公元1578年—1645年),字启东(一作起东),绍兴山阴人。24岁考中进士,后因母病辞归。刘宗周是明末著名儒家大师,因讲学于山阴县蕺山书院,创立了"蕺山学派",后世多称他为"蕺山先生"。他学识渊博,气节高尚,对明末清初启蒙思想的兴起起了积极的推动作用,素为人们所称颂。

批判"义理之性"概念,重建心学

"义理之性"概念由南宋朱熹弟子陈埴提出,是理学的重要成果之一。"性"是人心中所含之天理,因为"其禀赋之不齐",分为"义理之性"和"气质之性"。陈埴认为这两者共同构成人性的根源。"有义理之性而无气质之性,则义理必无附着;有气质之性而无义理之性,则无异于枯死之物。故有义理以行乎血气之中,有血气以受义理之体,合虚与气而性全。"[1]

---

[1] (宋)陈埴:《木钟集》卷十,影印文渊阁《四库全书》本,台湾商务印书馆1986年版,第704页。

"气质之性"主要指知觉运动,"义理之性"主要指仁义礼智信等美好品德。这样将两者区分之后,陈埴就认为,诸子说"性"都言气质之性,而孟子却一直以"义理"回答诸子的问题,然则"恶无所归,是论性而非论气"。

刘宗周继承了儒家人性本善的观点,并由此出发反驳了"义理之性"的概念。刘宗周认为"理为气之理""性为心之性",离开"心"讨论"性",使性理论弊害深重。且"性"作为一种形而上的概念,存在于气质之中,对"义"和"理"存在指点作用。接着刘宗周又就"性善论"的反面,从具体的危害上对"义理之性"的概念展开批判。如果承认"气质之性"和"义礼之性"是并行不悖的存在,那么学者重视"气质"而忽视"义理",就变成了人性可善可不善的观点;如果选择了"义理"而遗弃"气质",就变为人性的善恶无所谓取向哪方的观点;如果将"气质"和"义理"并重,就是承认了人性分为善恶两种。无论是以上哪种理解,都与儒家原来"性善论"的思想背道而驰,"扰乱"了原来对人性本善的定义。

刘宗周通过批判"义理之性"的概念,明确了"理气为一、心性为一、人心道心为一"的思想。并且刘宗周对于"意"有与朱熹不同的理解。朱熹认为"意者,心之所发也";而刘宗周却说"意者,心之所存,非所发也"。刘宗周认为"意"并不是"心"的产物,而是存在于心,并且制约着心。两者就像是罗盘与航船,"意"用以指明方向,而"心"会按照"意"的指示来行驶。而且"意"好善恶恶,其选择完全出于内心意愿的选择。因此,刘宗周的学说也被称为"意善"说。因为"意"为好善,刘宗周又从而衍生出"念"的概念。其认为"念"是"意"的外化活动,是人情欲的集合,会因为外界的诱惑而善恶不定,因而是"众恶"的起源。"意"由内发,"念"因外发,当"念"因外物的诱惑而未发时,"意"对其就可以控制。"念"的不定对心、意、知、物都有着影响,如何恢复道德本心对人心的主宰,刘宗周认为要消除这些不利影响,必须"化念归心"。因而"气质义理"说的都是一个"性",工夫和本体是一,这就衍生出了慎独的思想。"慎独"是儒家经典著作《大学》《中庸》里的重要概念,是修身养性之法,刘宗周也提出过"慎独"和"诚意"理论,"圣学之要,只在慎独"。刘宗周所讲慎独有别于儒家之"慎独",他是从本体上来看的,讲诚意是从本体的意向上说的,其实二者是一而二、二而一，一隐一显的关系。谈"诚意"必言"慎独"，言"慎独"则"诚意"自隐其中。刘宗周将"意"和"独"提到本体的高度，推翻了先前学者们将"诚意"和"慎独"相割裂进行阐释的理论。黄宗羲曾对刘宗周"工夫所至即是本体"的理论学说极为推崇。

刘宗周对心学的重建就是对儒学的重建，有学者认为刘宗周重建的心学是对儒家传统学说最为纯正的集成。刘宗周坚持性善论，并且将"意"本体化，是对儒学立场的重新回护。其对心学思想的探究成果为后世许多人研究儒学哲学提供了思路。

反对过分崇尚刑罚，提倡慎用赏罚

刘宗周一生于忠于朝堂，在其为官过程中，根据社会现实提出了不少的意见。首先，刘宗周肯定了法律存在的必要性。他认为，"国家大计，以法纪为主。法纪修，则人心肃，人心肃，则阃外用命"。[①] 而整肃纪纲，必从朝廷做起。明朝法度森严，律令之严不仅是对百姓也是对朝臣。《明大诰》刑罚之严酷，体现了明太祖朱元璋肃清朝堂、安定国家的决心。朱元璋亲自参与了《明大诰》的编写，并且要求家家户户都要有一份，科举考试内容中也有对《明大诰》的理解。以多方位角度，对民众进行普法。明朝还设定了严酷的刑罚，包括"刷洗""枭令""称竿"等。最早出现于辽代时期的"凌迟"在明代也频繁被用于惩罚重罪之人。对于犯错的官吏，惩罚也十分残酷。廷杖制度起源于明代，是对在殿庭前违抗皇命的大臣直接施以杖刑的法外刑罚。种种残酷刑罚，使整个社会都弥漫着一股压抑的气息。刘宗周有感于此，虽然重视法律的作用，但是也反对严苛刑罚。他认为用过于严苛的刑罚对朝纲建设百害而无一利。

其次，他十分强调"爵赏要慎，军情要肃，官纪当立，执法以严"。在整肃纪纲的同时不能滥施刑罚。福王监国时，他在上疏讨贼要略中讲的"据形胜以规进取""重藩屏以资弹压""慎爵赏以肃军情"和"核旧官以立臣纪"[②]

---

① 吴光主编：《刘宗周全集》（第9册）（附录上），吴光点校，浙江古籍出版社2012年版，第435页。
② 《明史·刘宗周传》。

四条意见中,强调临阵脱逃者,按军法当斩不误;爵赏一滥,天下有解体之危;臣纪不立,投降变节者则蜂拥而起。他在回答崇祯皇帝被关于都察院职责时提出,"正己以正百僚",以达到"大臣法,小臣廉""吏治清,民生安"的目的。他对"恩威错置""重典绳下"及使"朝署中半染赭衣的崇祯帝,一次次上疏规劝,请求他刑罚宜当宜平,不应用最伤国体的诏狱,力主言臣无罪,有罪则应交法司依法处理,并指出"自古未有官宦典兵不误国者"。① 因此,他不顾个人安危,曾弹劾魏忠贤、马世龙、张凤翼、吴阿衡等人,乃至作旨而不被重用,多次被斥为民。在他任顺天府尹期间,更是身体力行,"政令一新,挫豪家尤力"。② 有一次,武清伯的一个仆人与儒生争道而殴打了儒生。刘宗周痛打其一顿,并将其戴枷送到武清伯家门外,武清伯派人说情。刘宗周拒绝并说:"奴辱士而主拥护之,是罪在主,吾将上告天子。"③ 武清伯知其执拗,别遣一奴假冒,刘宗周识其伪,叱之去,并捕前吏。但刘宗周对于贫苦民众却优恤极为周到。所以,当他因病还乡时,京师的百姓为他罢市,相送于十里之外。

主张施行仁政,任用贤能

当时明朝君主刚愎自用,朝堂之上宦官奸臣当道,群臣结党营私问题十分严重。民间民不聊生,饿殍遍野,人心日坏,伴有流寇侵袭,兵荒马乱。刘宗周坚持儒家传统的"人性本善"学说,并对腐败的吏治作了批判,"最为民吏者,无如贪官污吏"。贪官污吏的横行让百姓无法安居乐业,在自己无法顾及饥饱之时还要满足这些恶吏的野心,导致百姓抛弃道德沦为盗贼甚至无奈造反。此外,刘宗周认为恶吏存在的一个主要原因是君主的独断专权,不肯听信忠义直言。刘宗周指出,皇帝与群臣越走越远,不仅无益于时政建设,而且会使群臣懈怠,养成阳奉阴违的做事特点。皇帝独断"使孝子见疏,忠臣被钩",才使奸佞之人乘机钻了空子,让整个朝堂乌烟瘴气。

刘宗周批评崇祯皇帝:"陛下求治之心,操之太急。酝酿而为功利,功

---

①② 《明史·刘宗周传》。
③ 吴光主编:《刘宗周全集》(第9册),吴光点校,浙江古籍出版社2012年版,第13页。

利不已,转为刑名;刑名不已,流为猜忌;猜忌不已,积为壅蔽。正人心之危,所潜滋暗长而不自知者。诚能建中立极,默正此心,使心之所发,悉皆仁义之良,仁以育天下,义以正万民,自朝廷达于四海,莫非仁义之化,陛下已一旦跻于尧、舜矣。"① 他指出崇祯皇帝想要达到太平治世,却操之太急。进而渐渐积累而成为功利主义,功利未止转用刑罚;刑罚未止又演变为猜忌;猜忌未止,累积而受到蒙蔽。现正是人心惟危、潜滋暗长的时期。如果真能建立公正、中正的准则,且端正这种思想,形成符合仁义的良策;用仁来教育天下,用义来指引人民。唯有做到这些,才能实现"从本原执要,则事不劳而功集;自教化推行,则神不役而智周"②的目的。另外,刘宗周还认为皇帝必须能辨忠奸,任用贤人。他指出"已巳之变"就是由于"小人进而君子退",小人与中官沆瀣一气,相互引荐,君子则退避三舍,或贬、或逐、或迁、或刑。而"大奸似忠,大佞似信",朝廷又不察而用之,才使得奸臣当道,祸国殃民。"念乱图存……首以进君子退小人,为挽回世道之根本"③,所以他要求"皇上开诚布公",进贤才以资治理,开言路以决塞闭。当崇祯皇帝问刘宗周如何整顿时,他提出"武备必先练兵,练兵必先选将,选将必先择贤督、抚,择贤督、抚必先吏、兵二部得人"④。从中可以看出,刘宗周的选才标准是德才兼备,才望与操守并重。这样,才能实现"文官不爱钱,武官不惜死,则天下太平"⑤的盛世。刘宗周指出崇祯皇帝在用人问题上的失误时说:"得其人矣,求之太备,或以短而废长;责之太苛,或因过而成误,以未得贤人君子用之也……"⑥他提倡厚民生,轻赋敛。他在《祈天永命》疏中提出:"法天之大者,莫过于厚民生。"⑦针对当时明朝廷财政匮乏、横征暴敛、贪官污吏横行导致民不聊生的现实,刘宗周力主"赋敛宜缓宜轻"。他认为,"参罚在钱谷而官愈贪,吏愈横,赋愈逋;敲扑繁而民生瘁,严刑重敛交困而盗贼日起"⑧,即由于严刑重赋,才致农民沦为盗贼,甚至被逼造反。而农民军"本朝廷赤子,抚之有道,则还为民",所以他提出以收拾人心

---

① ④ ⑤ ⑥ ⑧ 《明史·刘宗周传》。
② 吴光主编:《刘宗周全集》(第9册)(附录上),吴光点校,浙江古籍出版社2012年版,第17页。
③ 吴光主编:《刘宗周全集》(第4册)(文编上),吴光点校,浙江古籍出版社2012年版,第124页。
⑦ 《黄宗羲全集·子刘子行状》。

为本,只有"内治修",方能"远人自服""天下自平"。①

诚然,刘宗周的这些政见,都是为维系明王朝的统治,但是确实提出了不少卓越的见解。这在当时是难能可贵的,即使现在,也不无借鉴可用之处。

提出君臣分治的思想

刘宗周提出了著名的君臣分治思想。他认为君如心、臣如腹,分治即是君主慎独而任贤,从而达到"八真"的实效。在他为政期间,刘宗周反复向崇祯皇帝强调君臣分治的理论,"君臣一德之交,亦一身之腹心也",并从政治统治的领域来予以论证。刘宗周指出,皇帝应该从慎独出发来任贤,以公平、公正、信任的态度来选拔人才,自然就能得到贤人和能人。如果贤能之才在国家各就其职,君主对其也不猜疑防范,国则能良治;相反,若君主猜忌在先,带着先入为主的成见去选拔人才,事实上会造成人事决策的失误,选拔不到贤人和能人,国则不能治。②这就是刘宗周所说的"夫在在而择人,至劳也;慎独而求治,至逸也。在在求人,宜贤者遍朝堂,而实而按之,无一贤之可任;慎独求治,宜治之难致,而举而措之,实有效之可据。一劳一逸之间,皇上亦可以览其大概矣。"③因此,皇帝必须慎独,才能保证真开言路,从善如流。言路的畅通,反映了皇帝可以客观的社会效应来调适自己的行为,在这样的政治氛围下,才能保证通过公正和信任选择、任用真正对国家有用的人才。贤良人才各就其职,才能达到与君主共理天下的目的,唯有如此,君臣分治的良性格局才能形成。④归根结底,刘宗周的君臣分治理论,其宗旨不外乎是围绕君主慎独从而达到君臣"分治","慎独"仍然是其思想的核心。⑤

---

① 《明史·刘宗周传》。
②④ 参见雷静:《刘蕺山政治思想研究——信任品性及其制度化的分治纲领》,中山大学 2007 年博士学位论文。
③ 吴光主编:《刘宗周全集》(第 4 册),吴光点校,浙江古籍出版社 2012 年版,第 109 页。
⑤ 参见雷静:《刘宗周"君臣分治"思想考析》,载《学理论》2014 年第 19 期。

沈文奎

沈文奎（公元1598年—1654年），字清远，浙江会稽（上虞百官）人。沈文奎是清初不可多得的能受到清初君王赏识和信任的汉族能臣，他与同时期的范文程等少数汉人凭借自身的聪明才智和熟谙政治、经济、文化乃至风俗习惯之优势，为清朝统治作出了重大贡献，被并称为"清初智囊之士"。同时沈文奎的一系列主张、措施，为清朝统治者安抚人心、巩固统治基础起了不可忽视的作用，被誉为清代"第一绍兴师爷"。沈文奎23岁时只身北上游学到辽东。公元1629年，皇太极攻克遵化，沈文奎当时正在遵化，于是归降清朝。清初，八旗子弟尽管大多骁勇善战，可是能担当治理国家大任的人才却是少之又少。皇太极为改变这一局面，将"排汉"变"容汉"，饱读诗书又有治国理政大才的沈文奎就在此时受到了皇太极的器重并被委以重任。作为清初的汉族智囊之士，沈文奎为皇太极治理国家、改革积弊均提出许多行之有效的建议。沈文奎为人正直，敢于进谏，对清朝前期的政治统治作出了巨大的贡献。

主张"定天下"必须"得人心"

沈文奎在辅佐皇太极"定天下"的大业中,一贯主张必须"得人心"。天聪六年,后金出兵征讨明朝,到宣化时,明朝守臣派使者向后金军队表达"输贡议和"策略,皇太极一时举棋不定,立即就此征询多人。沈文奎在表明自己的主张时,明确提出要妥善处理大凌河新降之人。他着重指出在攻克一处之后,安抚人心是至关重要的一环。沈文奎认为,虽然新降之人会有不臣之心,但是为了能够真正将兼并的土地治理好并转化为清朝的国土,就必须"得人心",即使有逃走之人,也应当从宽处理。在治理地方事务方面,沈文奎也极力主张"苏民困以定人心"的做法,并且在他力所能及的范围内一直践行这一理念。在保定巡抚任上,沈文奎一边平定战乱,一边奏减赋税、为民请命,使得畿南在较短的时间内就实现了民众安定,诚心归附,民困渐苏;在漕运总督任上,沈文奎为了减轻百姓负担,擅自减免了荒田税负,因此也一度被革职。沈文奎在治国理政方面主张的"定天下"必须"得人心"策略,不仅体现在他对具体问题的解决和治理上,更体现在他敢直言进谏指出皇太极的不当之处,帮助皇太极提升治国理政的才能。沈文奎曾说:"臣自入国后,见上封事者多矣,而无劝上勤学问者。"[①] 除此之外,他建议皇太极多读四书五经,希望借此让皇太极能够理解和接受其"得人心"以"定天下"的策略。面对皇太极喜好《三国志》甚至企图用其中的计谋去治理天下的情况,沈文奎直接指出这是舍本逐末的做法。随后,他进一步建议皇太极能够任用那些精通满汉文的博识之才为其讲解《资治通鉴》等有关治国的圣贤之书。他认为皇太极通过这样的日积月累,再加上身体力行,对于治国一定大有益处。沈文奎有丰富的汉族统治经验,又深谙古籍典章制度,这对满族入主中原,加快统一多民族国家的步伐起到了不可忽视的重要作用。

---

① 《清史稿·沈文奎传》。

提保举法，任用人才赏罚分明

天聪七年（公元1633年），沈文奎在一次上书中阐述了"图事功者，以得人为先务"，并且指出"我国不乏冲锋破敌，战胜攻取之人耳，但虑得人得土之后，马上得之，不可以马上守之"。① 他劝皇太极绝不可有"乃公从马上得之的想法，以为天下只是靠战马驰骋而夺来的。他毫不客气地批评皇太极："汗用人一节，似欠妥当。"并反复强调古来成事业者，要求实用，不贵虚名，而欲求实用以图事功者，尤必以得人为第一。他还列举历史上成功的用人事例："舜有臣五人而天下治，武王有定乱之臣十人，成汤三聘伊尹而成王业，齐桓独任管仲而伯诸侯。此数君者，虽时异势殊，而其最吃紧处，惟在知人善任，随材器使，不求备于一人，不调停于流俗。"②

因此，除科举取士以外，还应广开才路，"汗宜恳切出一明谕，不拘俗类，不限贵贱，不分新旧。令有才能者，不妨自荐，有熟知者，许令保举自荐者……实有技能者，更应超录……奴隶工商片善必取"。③ 沈文奎的目的是希望通过这些措施，将大批"公足以服众，廉足以持己，干足以御变，智足以烛机，真有抚近怀远之略者"④ 选拔出来，参与国家政务，则"天下固无不可为之事矣"。⑤ 在此基础上，针对由于后金统辖之地文风贫弱导致的通过科举选拔的人才很少的情况，沈文奎大胆提出"保举法"。沈文奎认为，鉴于当时的实际情况，只要是有才之士均可被推荐，他尤其强调了一点，即"内举不避亲"。此外，沈文奎还提出允许有才之士自荐，"图事功者，以得人为先务。顷闻开科取士，诚开创急事也。然臣以为非抡才之完策，上宜发明谕，不拘族类，不限贵族，不分新旧，有才能者许自荐，知人有才能者许保

---

①④《天聪朝臣工奏议》卷中《王文奎荐举人才奏》，辽宁大学历史系印本，第68页。
②《天聪朝臣工奏议》卷上《王文奎条陈时宜奏》，辽宁大学历史系印本，第22页。
③《天聪朝臣工奏议》卷中《王文奎荐举人才奏》，辽宁大学历史系印本，第68~69页。
⑤《天聪朝臣工奏议》卷中《王文奎荐举人才奏》，辽宁大学历史系印本，第69页。

荐。"① 但是为了保证保举的有识之士确实名副其实,沈文奎指出必须做到四点:第一,通过定文书来记录保荐者姓名和理由;第二,引入检察机制;第三,允许举荐者自己揭发被保举者不具有真才实学;第四,对于这些被保举的才子应当进行考核,量才适用。此外,在人才的任用方面,沈文奎主张要慎之又慎,且必须赏罚分明。② 清王朝通过这一系列推举和任用人才的措施,不但扩大了其统治基础,使清王朝的统治得到一大批有识之士的拥护,而且国家也得到了很好的治理,使有识之士看到了希望,在汉、满一体化进程的推进中起到了积极的促进作用。

---

① 《清史稿·沈文奎传》。
② 《清史稿·李栖凤传》。

祁彪佳

祁彪佳（公元1602年—1645年），字虎子，一字幼文，又字宏吉，号世培，别号远山堂主人，会稽山阴（今属浙江绍兴）梅墅村人，明代政治家、戏曲理论家、藏书家。历任兴化府推官、御史、苏松巡按御史。他为官清廉刚毅，交友广泛，且积极致力于地方公共事务。他一生著述宏富，著述涵盖诗、文、词、曲、日记、书信等各类文体。

明朝末年，自然灾害频发，但国家对此却是无能为力。作为中国传统社会中被历朝历代皇帝所重视的重要政治——荒政，在这段时期处于废弛状态。祁彪佳恰好是这一时期的一位重要人物。尽管祁彪佳流传于世被后人所熟知的更多是他在戏曲、诗歌、文学等方面的思想和创作，但不可否认的一点是，他的荒政思想对当时在这样一个风雨飘摇的王朝统治下的民众起到了积极作用。有许多祁彪佳关于荒政的著作流传于世，其中最为著名的就是他在"赈饥之余，遍览群书以及名臣奏议、邸报等有关救荒者，编纂《救荒全书》"。[①] 这是一部既体现祁彪佳务实求真精神，同时又是当时背景下的关于荒政思想的集大成之作。除此之外，祁彪佳还著有《救

---

① （明）祁彪佳：《祁彪佳集》，中华书局1960年版，第237页。

荒全书小序》和《救荒杂议》，均是对荒政领域的有力补充，这两篇文章也同样被后人给予了高度评价。在明朝末期，祁彪佳在实事求是精神的指引下致力于荒政思想的研究，将荒政视作维护社会稳定和促进经济恢复和发展的重要治国手段。他的诸多荒政思想至今都具有一定的借鉴价值。

注重官吏素质在荒政中的重要作用

祁彪佳认为要在灾害发生后得到较好的救灾效果，一个重要前提是"首重得人"，在人员任命上，他指出"是必推举得其当，而后良法不为弊端也"[1]，十分注重人员在救灾中的作用，只有贤能的人来主持救灾，才能在良法下实现良好的救灾效果。诸多名士都认同官员在救灾中能起到重要的前提作用这一观点，朱熹曾说："救荒之政……全在官吏遵奉推行，然后民被实惠"[2]，赵汝愚曾指出："讲行荒政，全在得人。任得其人，则能每事随宜措置，不至乖疏；任非其人，鲜不败事"[3]。祁彪佳在这一基础上进一步提出了堪当救灾重任之人的标准，"任事者以才以识，而尤在于心"，即必须符合他所提出的"心""才"和"识"。其中，祁彪佳尤其强调了"心"的核心地位，"此心之缓急广狭，千万人生死系焉。故王征君之议任事也，亟以正心为要。心一正，而施为措置，自然合节中窾。然则生千万人者，不在于贷银赈粟，在于担任者满腔之慈爱耳"[4]。只要救灾官吏"心一正"，就能够出台恰当的措施，使灾民得到适当的救助。祁彪佳认为官吏素质的重要性在杜绝救济财物被侵吞和救灾物资合理发放上尤为重要。祁彪佳明确指出"钱谷之出入，吏缘为奸久矣"，所以他十分强调要杜绝此类现象的发生，其中一个重要的措施就是选拔"心正"的官吏。此外，祁彪佳对官吏的能力、

---

[1] 《救荒全书》。

[2] 郭齐、尹波点校：《朱熹集》（2），四川教育出版社1996年版，第524页。

[3][4] 李文海、夏明方、朱浒：《中国荒政书集成》（第2册），天津古籍出版社2010年版，第691页。

素质也提出特别的要求,"所以救荒者,须有迅敏之作用,尤须有远大之见识,必具斟酌乎时势之间,通计于前后之际,与期当厄,事无后艰,乃为善政耳"①。

强调荒政要标本兼治、未雨绸缪

首先,祁彪佳一贯十分重视农业在当时社会中的重要基础作用,他认为农业就是"千古救荒之祖"。他指出,要实现荒政的标本兼治,就必须未雨绸缪,通过垦荒屯田等方式来实现农业在社会发展中的基础作用。祁彪佳认为:"兴工为救荒一法,而尤莫妙于开垦。盖饥馑者虽由天时之降灾,亦或因人事有未备。役饥馑之夫,从事畚插,固以救一时之荒也。开芜瘠之地,渐成膏腴,亦以救他日之荒矣。是兴工其治标耳,兴工而开垦即治本也。"② 其次,为防备水旱灾,要兴修水利。祁彪佳认为水利兴,就不会出现五谷不登的情况,可以进一步增进国力。最后,建立仓储是祁彪佳赞同的用来救灾的最佳方案之一。因为"救于已然者,时穷势迫而莫可谁何。备于未然者,事制曲防而可以无患"③。所以他主张"救荒于已然,不若备荒于未然"。他强调建立仓储必须要切合实际,因地制宜作出最佳的方案。除了积极推动仓储的建立,祁彪佳还呼吁百姓民众能够自家积粮,他认为民间积粮的效果比官方积粮要好,"以民间之积,而一入于官,便不可问。但听其自储自粜,人犹易于乐从"④。

主张救灾求速,赈灾勿缓

祁彪佳主张救灾要从"速",理由是"灾荒之至,人但知勘之宜详,而不知报知宜速。盖勘而不报,仍使上恩不沛,下望不孚。其于救之也,何日

---

① 李文海、夏明方、朱浒:《中国荒政书集成》(第2册),天津古籍出版社2010年版,第689页。
② (明)祁彪佳:《祁彪佳集》,中华书局1960年版,第80页。
③ 李文海、夏明方、朱浒:《中国荒政书集成》(第2册),天津古籍出版社2010年版,第578页。
④ 李文海、夏明方、朱浒:《中国荒政书集成》(第2册),天津古籍出版社2010年版,第667页。

之有？"。① 他提出："荒政言预计，正戒缓也。然预计者，如采集医方而疗治，则在临病。设预计于平日，仍稽迟于届期，则一日之缓，不知有几许死亡矣。生死呼吸，全关乎拯救之人。"② 他强调在救灾期间，通报文书应当言简意赅，不能在相对不重要的事情上花费过多时间。在这一点上，祁彪佳尤其指出官员的重要作用。他认为"当民命呼吸时，赈救之道，不争多寡而争先后……然必酌国储之盈亏，权时势之缓急，利于民亦利于国，而后行之可无弊，若不为之深计，而仅以博名，贤者不为也"。③ 祁彪佳进一步提出"先赈后闻"的做法，即在灾害来临之际，官员应当有权力依据具体的情况先行赈济，然后再申报。

强调实行荒政要灵活变通

祁彪佳在荒政领域之所以有如此建树，和他一贯的主张，即在荒政中要灵活变通是有很大的关系的。比如，祁彪佳将荒政的关注点扩大到了赈灾官员的家属，这在当时是非常难能可贵的。

在灾区救济上，祁彪佳提出了诸多灵活变通的方法。面对灾害地区由于物质奇缺导致的物价腾贵现象，他提出"籴价"④法，来宏观调控物价，防止在灾荒之年物价飞涨，引发社会混乱。这样的做法，不但会使得富民将粮食拿出来卖，而且商人也会因为觉得有利可图而将粮食大量运往灾区，这样一来，灾区粮食自然而然就多了，价格也就会得到平抑。为了更好地施行这一措施，祁彪佳还指出要行"告籴之法"和"召商"，如此必然使得大量的粮食运往灾区，从而在根本上缓解灾区粮食紧缺的问题。对于三大灾害之一的"蝗灾"，祁彪佳主张行设粥厂之法。同时，"今除妇女病夫外，其余令纳蝗一升，方许入厂食粥，似于救饥捕蝗，一举两得"⑤。

在灾后经济恢复上主张"工赈济民，蠲缓生息"的方式。所谓"工赈"

---

① 李文海、夏明方、朱浒：《中国荒政书集成》（第2册），天津古籍出版社2010年版，第675页。
② 李文海、夏明方、朱浒：《中国荒政书集成》（第2册），天津古籍出版社2010年版，第685页。
③ （明）祁彪佳：《祁彪佳集》，中华书局1960年版，第93~94页。
④ 李文海、夏明方、朱浒：《中国荒政书集成》（第2册），天津古籍出版社2010年版，第696页。
⑤ （明）祁彪佳：《祁彪佳集》，中华书局1960年版，第121页。

就是由官府出资建设一些工程,这些工程所需要的劳动力从灾区招募,通过这种方式来代替纯粹的救济。这样一来,既可以解决救灾、消除灾民的生存问题,又可以充分利用民力,最终促进当地社会经济的恢复。他明确提出"工赈"要有益于农事、有益于公事的荒政理念。"蠲缓生息"就是免除灾民的赋税,或停征、缓征以前所欠赋税,让灾民修养生息,以达到农业生产的恢复和发展。祁彪佳将这一历朝历代都会在灾后适用的措施予以进一步的完善和发展。一是让"流移者可以复业,殷富可以赈施",从而达到"失赋得民"的目的,让灾民享受"减之一时,裕之后日";二是"举旧欠之粮而蠲之也",防止灾民因赋税过重而流离失所,让在外流离的灾民免除后顾之忧。① 祁彪佳还特别指出"莫若分别停缓,俟豐熟带征,在朝廷不失其旧额,而岁月之舒徐,示德于小民者已渥。"②

面对民变及地方保护伞,应对有方③

明朝末年,统治腐败,政治松弛,很多地方官无法处理盘根错节的缙绅势力,对许多地方缙绅的各种有损国家利益的行为只能听之任之,有时为了保全自己的仕途,还会身不由己地充当其保护伞。第一次"宜兴民变"平息后,常镇道副使徐世荫、常州知府洪周禄、常州府理刑推官吴兆莹等在初审宜兴事件时,均将审理重点放在奴仆身上,将动乱的发生归罪于奴仆肆虐,而有意回避宜兴陈氏的纵容行为。将民变责任归咎于豪奴肆虐,把豪奴作替罪羊,而对陈氏家族横行乡里、纵奴行凶等众多劣迹只字未提。

宜兴地处南畿,此次民变却波及常州府所辖之武进、镇江府所辖之金坛、应天府所辖之溧阳等县,影响甚大,震惊朝野。崇祯帝对宜兴事件极为关注,多次下诏询问。宜兴陈氏为江南豪强缙绅,朝中势力盘根错节,特别是东林党魁、时任南京都察院左都御史的陈于廷是宜兴事件祸首陈一教的

---

① 蔡小平:《祁彪佳荒政思想探析》,载《防灾科技学院学报》2013 年 2 期。
② (明)祁彪佳:《祁彪佳集》,中华书局 1960 年版,第 101 页。
③ 吕杨:《明末宜兴民变与地方政权应对方式探析》,载《第十七届明史国际学术研讨会暨纪念明定陵发掘六十周年国际学术研讨会论文集(下册)》,2016 年 8 月 22 日。

族侄，而内阁首辅周延儒又是陈家的姻亲，故对于新任巡按以及常州、镇江两府的地方官员来说，此事来自外界的干扰极大，处理起来非常棘手。

  为了避免陈家势力对案件审理的干扰，祁彪佳采取会审的形式，参加会审的官员分别为巡按御史祁彪佳、分巡常镇道按察副使徐世荫、常州府知府洪周禄（洪离职后，推官吴兆莹接任知府）、理刑推官吴兆莹、镇江府带管理刑知府王秉鉴。人员构成包括了中央都察院系统的派出官员、地方分管官员、事发地主官、理刑官，事件波及地主官，可使参与会审官员互相监督、制衡，不易徇私舞弊、枉法裁判。常州府理刑推官吴兆莹、镇江府带管理刑知府王秉鉴负责对陈一教进行调查和审理。对于陈、徐二家豢养的豪奴，依然采取会审方式，由徐世荫负责，吴兆莹和王秉鉴负责具体执行。面对缙绅势力的干扰，地方官员在审理相关案件时，事先制造政治压力和舆论压力，先声夺人，秉公依法处理。即便如此，处理宜兴事件的官员事后多数仍遭到打压，祁彪佳被弹劾下等而罚俸，原因就在于晚明江南缙绅在朝野的关系网络和党同伐异的政治环境。

四、宋元明清时期

黄宗羲

黄宗羲（公元 1610 年—1695 年），汉族，浙江绍兴府余姚县人，"东林七君子"之一，黄尊素长子，字太冲，一字德冰，号南雷，别号梨洲老人、梨洲山人、蓝水渔人、鱼澄洞主、双瀑院长、古藏室史臣等，学者称"梨洲先生"。明末清初经学家、史学家、思想家、地理学家、天文历算学家、教育家。

黄宗羲目睹了明王朝的腐朽衰败，切身体会到了清王朝专制的残暴凶残，这一切促使他不得不对封建君主专制制度重新加以认识、思考。在此基础上，黄宗羲深刻认识到程朱理学是封建政治趋于腐朽和招致亡国的思想根源，进而猛烈地抨击封建君主专制制度，率先提出"天下为主，君为客"的民主思想，进一步指出"盖天下之治乱，不在一姓之兴亡，而在万民之忧乐"①，主张通过"天下之法"来取代皇帝的"一家之法"，从而限制君权，保证百姓的基本权利。黄宗羲抨击封建君主专制制度的政治主张，不仅对他后来的反对封建专制制度的斗争提供了理论指导，而且推动了全社会的思

---

① 《明夷待访录·原臣》。

> 想启蒙。黄宗羲堪称多才博学，经史百家、天文、算术、乐律以及释、道等领域无不研究，在史学上的成就尤其之大。在哲学和政治思想方面，他更是一位敢于从"民本"的立场来抨击封建君主专制制度的勇士，被后世尊称为"中国思想启蒙第一人"。他的一系列政治法律理想主要是通过其著作《明夷待访录》予以表述的。

主张"天下为主，君为客"和平等的君臣关系

《明夷待访录》中集中体现黄宗羲政治法律思想的，共计十三篇。书中，他通过剖析和抨击"家天下"的君主专制制度，认为"天下之治乱，不在一姓之兴亡，而在万民之忧乐"，从而从根本上否定了这项制度的合法性，并借此来向世人传递"民主"精神，起到了思想启蒙的作用。黄宗羲在该书首篇《原君》中阐述了世人设立君主的目的在于"使天下受其利""使天下释其害"，即君主的主要职责在于负担起"抑私利、兴公利"的责任。关于君主的权力和义务之间的关系，黄宗羲特别强调君主的义务才是首要的，其权力是从属于义务而存在的，权力只是为履行君主的义务才拥有的，即权力是次，义务才是主。在黄宗羲的政治理论中，认为君主是天下的公仆，"古者以天下为主，君为客，凡君之所毕世而经营者，为天下也"[①]。而此后的君主却"以为天下利害之权出出于我，我以天下之利尽归于己，以天下之害尽归于人"，不惜"屠毒天下之肝脑，离散天下之子女"，"敲剥天下之骨髓"，供一己之淫乐，致使天下人的"私"与"利"完全淹没在君主个人的"大私"之中，更有甚者"使天下之人不敢自私，不敢自利，以我之大私为天下之大公"，"视天下为莫大之产业，传之子孙，受享无穷"。[②]他赞美尧舜之世，反对"以君为主，天下为客"的今世，认为"以君为主，天下为客"的统治关系是造成天下不得安宁的根本原因，即所谓"今也以君为主，天下为客，凡天下

---

①② 《明夷待访录·原君》。

之无地而得安宁者,为君也","天下之大害者,君而已矣"。天下之人,把专制君主"视之如寇仇,名之为独夫"。① 在君主的淫威笼罩一切并得到理学家百般辩护的专制时代,这个结论确如惊天霹雳,猛烈震动着黯然窒息的思想界。②

黄宗羲进一步提出,要革除"家天下"这项专制制度,就必须限制君主的权力,首要的问题是要对君臣关系有一个辩证的认识。他主张"原夫作君之意,所以治天下也。天下不能一人而治,则设官以治之;是官者,分身之君也"③,即君臣关系在本质上只是"名异而实同",二者的职责都是治理国家,只是权限不同。所以,黄宗羲认为君主应该协同大臣切实履行他们治理国家的义务,而不是处处独尊、高高在上,即要做到"使天下受其利""使天下释其害"。君主如果履行不好其本分职责,就该退位让贤,而不应"鳃鳃然唯恐后之有天下者不出于其子孙"④。

至于为臣者,应该明确自己是君之师友,而不是其仆妾。黄宗羲认为做大臣的应该有一个清醒的认识,即"我之出而仕也,为天下,非为君也;为万民,非为一姓也"⑤。他还特别指出,即使有些大臣"能辅君而兴,从君而亡",如果这些大臣还是认为其是"以君一身一姓起见""视天下人民为人君橐中之私物",置"斯民之水火"于不顾,则"其于臣道固未尝不背也"。⑥ 黄宗羲的君臣观对传统如"君为臣纲""君要臣死,臣不得不死"的封建纲常,无疑是有力的冲击。黄宗羲这一系列直指封建君主专制制度的思想理论的提出,在当时民主思想还尚未深入人心的时代背景下,不仅极其难能可贵,而且十分勇敢。黄宗羲的这些政治法律思想在中国法律思想史上是具有里程碑意义的。

---

① 《明夷待访录·原君》。
② 参见张晋藩:《明末清初的实学与进步的法律观》,载《法制与社会发展》2016年2期。
③ 《明夷待访录·置相》。
④ 《明夷待访录·奄宦》。
⑤⑥ 《明夷待访录·原臣》。

提出"有治法,而后有治人"的学说

首先,黄宗羲提出:三代之前的法才是真正的为保护世人利益的"天下之法",是好法;三代之后的法,均是"法自君出",一国之法代表君主的个人意志,将君主的地位摆在至高无上的地位。在这个观点的基础上,黄宗羲进一步指出,相较于"人治","法治"在治国理政方面具有更加重要的地位。他曾指出"自非法之法桎梏天下人之手足,即有能治之人,终不胜其牵挽嫌疑之顾盼,有所设施,亦就其分之所得,安于苟简,而不能有度外之功名",即在"一家之法"下,即使有能臣,也会因为法律的牵制而不能有所建树。相反在"天下之法"实行时,"其人是也,则可以无不行之意;其人非也,亦不至深刻罗网,反害天下"[①]。黄宗羲强调,为了彻底改变君主专制的弊病,就必须要有体现"天下为主,君为客"的好法,这样有识之士可以有所建树,不端行为也会及时得到制止,世人可以安居乐业。这一观点同"天下之治乱不系于法之存亡"的传统观点是完全不同的,但是同现今的法治理念却颇为相似。

限制、分解君权,提倡文人议政

封建君主专制制度在明清时期达到了巅峰,同时,这一制度的弊病也越来越突出,即"以天下之利尽归于已,以天下之害尽归于人"[②]。这样一来,整个国家的前途命运几乎都由皇帝一人左右,这无疑是一件相当危险的事。黄宗羲指出这一切的弊端,主要是中央的高度集权以及君权至高无上。因此,他提出了对此进行改革的三方面内容:宰相辅政、学校议政、方镇御边。

黄宗羲认为"官者,分身之君也",宰相就是一个重要的辅助君主治国理政的"分身之君"。不仅如此,黄宗羲还敏锐地指出,在几千年的君主专制的发展历程中,宰相一职的存在在很大程度上起到了分散君主高度集中的

---

① 《明夷待访录·原法》。

② 《明夷待访录·原君》。

权力和制衡君权恣意的作用。明朝朱元璋废除宰相一职,皇权得到高度的集中,彻底失去了外部的制衡。黄宗羲提出必须设宰相来辅君理政。

"天子之所是未必是,天子之所非未必非,天子亦遂不敢自为非是,而公其非是于学校"①,这是黄宗羲提出学校议政的主要理由之一。学校的背后代表的是一大批和黄宗羲一样有历史使命感和社会责任感的有识之士,黄宗羲提出的"学校议政"主张,直接体现了其类似现今参政议政的意识。他还提出天下是非的评判要听从学校的公仪,学校是高于君主的决定政治是非的最高权力机关,即"公其非是于学校",以此来形成一个外部制衡君权行使的机制。

中央高度集权的另一个弊病,就是地方自主性越来越弱,"有乱无治"是由此带来的最大问题。在充分分析分封制和郡县制的基础上,黄宗羲创造性地将二者予以适当地结合,主张在地方设立方镇,将中央的一部分权力下放到地方,在给予地方更多自主性权力的同时,又妥善地解决了中央集权问题。

注重经济立法在政治改革中的作用

黄宗羲所处的时代,其经济结构和市场环境都发生了巨大的变化,黄宗羲察觉到要想政治法律改革能够顺利进行,就必须注重经济的支撑。

针对"重农抑商"的传统,黄宗羲审时度势地提出应当提倡"工商皆本"。他说:"世儒不察,以工商为末,妄议抑之。夫工固圣王之所欲来,商又使其愿出于途者,盖皆本也。"②但他又特别指出,只有那些"切于民用"的工商业才是所谓的"本",而那些为佛、巫、倡优、奇淫技巧而服务的工商业是"末"。总而言之,只有"来百工则财用足"③,必须重视"切于民用"的工商业的发展,这一点也足以体现黄宗羲的经济立法思想是从国计民生的角度出发的。

面对土地兼并问题日益严峻的情况,黄宗羲提出恢复井田制,"以实在

---

① 《明夷待访录·学校》。
② 《明夷待访录·财计三》。
③ 《礼记·中庸》。

田土均之,人户一千六十二万一千四百三十六,每户授田五十亩,尚余田一万七千三十二万五千八百二十八亩,以听富民之所占,则天下之田自无不足"[1]。他认为这种措施可以在一定程度上缓解土地问题,同时还可较好地平衡农民和地主之间的利益,对实现国富民强有着积极作用。

另外,黄宗羲认为底层民众的生活难以为继的一个主要原因,是各朝各代在征收税率上有增无减又世代沿袭。为破除这一弊病,黄宗羲提出"国用自无不足,又何事于暴税"[2]。至于具体税收的额度,黄宗羲认为不可一概而论,应当具体问题具体分析,要按土地的肥沃或贫瘠程度等实际情况予以确定。他还指出税收的方式也是需要改革的,要减轻农民的负担,即"任土作贡"。

---

[1] 《明夷待访录·田制》。
[2] 《明夷待访录·田制三》。

姚启圣

姚启圣（公元1624年—1683年），字熙止，号忧庵，浙江会稽（今浙江绍兴）人，生于明朝末年，是清朝康熙年间著名的政治家、军事家，收复台湾的决定性人物之一。顺治年间，姚启圣由于砍杀两名士兵，被迫亡命他乡，顺治十六年入籍奉天镶红旗下。康熙二年，在八旗乡试考中镶红旗癸卯科举人，同年十月授广东香山知县。姚启圣在香山知县任上，迅速解决了令督抚都束手无策的"澳门贼"问题，后因擅开海禁被罢官，之后从商。康熙十三年正月，四十九岁的姚启圣听闻"三藩之乱"，敏锐地意识到这是他东山再起的机会，于是他回到浙江捐资募兵，投入康亲王爱新觉罗·杰书麾下，并在枫桥、钱塘大败叛军后，被委任为署诸暨知县。随后凭借不俗的战功，他被提拔为浙江温处佥事。康熙十五年，姚启圣劝降耿精忠，迁升为福建布政使。康熙十七年，升任福建总督，负责平台事宜。康熙十九年，率兵攻克海澄，收复金门厦门，迫使郑经退兵澎湖，后被授兵部尚书衔、少保兼太子太保、都察院右都御史。康熙二十一年，协助水师提督施琅收复台湾。姚启圣一生为官清廉，刚正不阿，为政统军执法严明，在收复台湾过程中功勋卓著，但朝廷对其功高不赏，最后因郁郁不得志而终于福州。

禁"大当"养民生

姚启圣为了扭转在收复台湾进程中清王朝所处的不利局面，提出"先安内，再攘外"的办法，即只有强盛的国力才能够稳步推进收复台湾的事业。于是，他将目光投向底层民众的生活，其中，解决积弊已久的"大当"问题是姚启圣为福建百姓做的诸多实事中最被人称颂的一件。"大当"是当时福建的贪官污吏在正赋之外，强加给里长身上的摊派，即是对里长等底层民众的严重盘剥。为了除去"大当"这一问题，姚启圣采取了许多措施。针对里长被强征额外赋税的现象，姚启圣采取了"软硬兼施，双管齐下"的硬措施，对"大当"进行整治。从康熙十八年到康熙二十二年间，姚启圣发布了多个专门的文告来震慑这些贪官污吏，如康熙十八年发布的《禁革见年滥派》，康熙二十二发布的《申禁滥派大当》《严禁大当酷派》《申革泉漳大当》《裁革大当里役》《题革大当现年》《勒石禁现役滥派》《严禁钱粮耗费》《革除小甲》等。在几个月的时间内，姚启圣连下九个文告，足见其整治"大当"陋习力度之大。[1]李光地评价姚启圣此次措施："欲除百余年之弊，若不猛厉，或阳奉阴违。自姚公果夜闻善事，张灯而行之；拿来衙蠹立毙杖下者十余人；即刻露章参者十余官。故号令所到，风行草偃，不敢有丝毫依违，半年之间，积弊尽除，至大当之害，竟为除尽。"[2]此外，通过发布文告以法定的形式将里长和甲长的职责予以明确。姚启圣在《严禁大当酷派》文告中明确一点，里长职责为"原以承催花户钱粮"，甲长职责就是"督催排年值柜，监收而已"。[3]不但如此，姚启圣还进一步强调"不许私派见年分毫，苦累残黎"，并且准许百姓直接到总督府告发，一经查实，严惩不贷。最后，为彻底解决由"大当"等赋税引发的民生问题，尤其是民心稳定的问题，姚启圣果断废除类似"连坐"的惩罚制度。他发布文告"于

---

[1] 参见陈芹芳：《姚启圣与闽台社会》，福建师范大学硕士学位论文，2004年。
[2] 李光地：《榕村语录》续集，卷一八。
[3] 《闽颂汇编·忧畏轩文告四》。

本户内各立自征户,征户内欠粮者不累别户",以此来解除由于责任"连坐"而带来的民心惶惶。

注重军规在治军中的作用

姚启圣作为一名卓越的军事家,之所以能够治军严明,是因为他深谙军规在治军时的重要作用,因此他制定了大量的赏罚则例。姚启圣认为,如果不对那些在打仗时落逃的士兵予以惩处,不对那些英勇冲锋的士兵予以重奖,那么"败走者何所畏而不败走,用命者何所为而再用命?"他的这一观点同现今的主流刑罚原则是高度契合的。为了杜绝康熙十四年清军在浙江大肆抢掠的类似情况发生,康熙十五年正月姚启圣上奏道:"本道已经启请贝子,自康熙十四年十月十五日以后,不许擅抢一名;并求贝子印发'清'字告示,遍行张挂,禁兵驽夫强买等事。间有强横者,本道当即挈请贝子鞭责;此项亦可稍止矣。"[①]他清醒地认识到要解决这个问题,就必须用清军具有较高权威的命令,而且必须注重令行禁止。姚启圣还严格限制随军出征的夫额,并且一概禁止其他额外杂派的夫役。康熙十七年六月十一日,他发布文告明确了这一点。姚启圣对于军队发生的各种扰民事件的态度非常强硬,绿旗兵直接予以严惩,满兵则与亲王、将军交涉处理。

---

① 《李文襄公奏疏与文移》卷五。

袁枚

袁枚(公元1716年—1798年),字子才,号简斋,晚年自号仓山居士、随园老人等,钱塘人。清朝乾嘉时期著名诗人、散文家、文学评论家。他倡导"性灵说",与赵翼、蒋士铨合称为"乾嘉三大家",又与赵翼、张问陶并称"性灵派三大家",为"清代骈文八大家"之一。文笔与内阁大学士直隶纪昀齐名,时称"南袁北纪"。乾隆四年中进士,授翰林院庶吉士。乾隆七年外调江苏,先后于溧水、江宁等地任县令。袁枚为官清正,关心民瘼,不畏权贵,在地方颇具声望。尽管为官业绩较好,但在被举荐知州时仍落选,袁枚索性辞职去仕,以自由洒脱的态度面对世事,以狂放不羁著称。

袁枚的诗文集中极少出现"经世"一类词,加之其倡导"性灵",又与李白的狂放不羁类似,因此许多人误认为其无经世之志。但《入翰林》有载:"国恩岂是文章报,况复文章尚未工。"他认为,报国恩就得经世,经世是根本,而文章则是末事,只不过这种思想在归隐之后迅速淡化。① 可见袁枚在青少年时就已有强烈的经世之志。

---

① 郑家治:《张问陶的经世思想(下)——兼与李白、杜甫和袁枚的比较》,载《四川职业技术学院学报》2016年8月15日。

系统论述经世思想[1]

袁枚对经世思想进行了全面的论述。他在《寄雅抚军》中说："古臣扶皇极，其道有两宗。大者治本源，启沃始君衷。赤水驱玄象，探珠出蛟宫。从此鼓万化，一气如春风。其次任经画，礼乐兼兵农。一事受调停，一物多苏融。活国如魏相，救时如姚崇。"[2] 认为士人经世"扶皇极""其道有两宗"，必须兼顾仁德、仁政，且处理好礼乐兵农等事务。他在《偶然作》之六中，重点阐述了这个问题："太上贵道德，其次务施报。惟其本此心，所以有忠孝。"[3] 即以道德教化为上，接下来才是报答君恩以尽忠。他又写道："圣人重躬行，不以道自拘。其治贵清平，科条简且疏。"[4] 认为躬行示范很重要，且不要被所谓圣道所拘束，要点在追求"清平"，不必拘束于儒家经典，正如其感慨，"琐琐角毛郑，空空谈程朱。求之日益严，失之日益迂"[5]。《送方䎡庵观察》中记载："我知公经纶，十未施三五。"[6] 他在诗中赞美对方重视选拔经纶之才，备武平乱、直言敢谏、爱民教化等，这些都是经世之要，且非常全面，而"十未施三五"则说明了经世之难。袁枚的祖父与父亲都长期在官府做幕僚，他从小对政治耳濡目染，且自翰林院散馆之后多年担任县令等职，对经世为政，尤其是地方治理有深刻的体会与感悟，写出了不少表达民生疾苦与反映地方治理的诗歌，如《苦灾行》《苦疮》《捕蝗曲》《征漕叹》《俗吏篇》《水灾行》《捕蝗歌》《南漕叹》等。

袁枚常有"爱民心易治民难"的感慨。就经世理想而言，其基础是儒家思想，主张"达则兼善天下"。不过袁枚的世俗享乐思想很浓，俗而可望且较为具体可行，他壮年看穿世道，悟透人生，因此追求美食诗名，其最高理

---
[1] 郑家治：《张问陶的经世思想（下）——兼与李白、杜甫和袁枚的比较》，载《四川职业技术学院学报》2016 年 8 月 15 日。
[2] （清）袁枚：《小仓山房诗文集》，周本淳标校，上海古籍出版社 1988 年版，第 102 页。
[3] （清）袁枚：《小仓山房诗文集》，周本淳标校，上海古籍出版社 1988 年版，第 284 页。
[4] （清）袁枚：《小仓山房诗文集》，周本淳标校，上海古籍出版社 1988 年版，第 285 页。
[5] （清）袁枚：《小仓山房诗文集》，周本淳标校，上海古籍出版社 1988 年版，第 284~285 页。
[6] （清）袁枚：《小仓山房诗文集》，周本淳标校，上海古籍出版社 1988 年版，第 1041 页。

想是"择官必将相,致身须唐虞"。虽然袁枚有几分狂气,谈论王霸大略,沿袭了些许唐代高而不切的理想主义式的经世情怀及宋代文人较为消极切实的"不过为将相、公卿而已"的经世理想,但袁枚也因此与一般的循吏、词臣颇不相同,他也对譬如军事等方面的具体经世方法做过论述,且受祖辈父辈均为幕僚的影响,袁枚在担任县令多年后,其经世策略与方法也偏于系统具体的地方吏治与政务。

主张儒家仁政思想用于经世[①]

袁枚在《陶渊明有饮酒二十首余天性不饮故反之作不饮酒二十首》一诗中说:"大道有周孔,奇兵出庄周。横绝万万古,此外皆蚍蜉。"[②]可见他认同儒家思想及其仁政理论,而道家思想在其看来不过只是奇兵而已。"德盛一家荣,政和万民享",他将德盛与政和并举,齐家与治国相连,认为二者相辅相成。虽认同德治,道德仁义是经世之本,但袁枚认为这难以实行,在《易水怀古》一诗中说:"仁义非不佳,急则治其标。"[③]《读论语有感》中言:"天下归仁理自超,谁知此柄也难操。"[④]袁枚还认为儒家思想的精要在于开物成务,因此比道家与道教更有作用和影响力,他在《重修中和道院碑记》中说:"人但知道教无为,不知惟有为也而后可以无为。有为者,勇猛精进,所以成天下之务也;无为者,幽深玄妙,所以研天下之几也。务之不成,几于何有?……夫但言清虚之守,而不言创造之功,此道法所以不振也。……不知周、孔之教,以开物成务为贵"。[⑤]

袁枚欣赏管仲、萧何等人,希望能像他们一样经世立功,甚至有从军之念。他在《送张鹭洲御史巡台湾》中说:"奇功有管萧""人自爱班超。"[⑥]在

[①] 郑家治:《张问陶的经世思想(下)——兼与李白、杜甫和袁枚的比较》,载《四川职业技术学院学报》2016年第4期。
[②] (清)袁枚:《小仓山房诗文集》,周本淳标校,上海古籍出版社1988年版,第343页。
[③] (清)袁枚:《小仓山房诗文集》,周本淳标校,上海古籍出版社1988年版,第14页。
[④] (清)袁枚:《小仓山房诗文集》,周本淳标校,上海古籍出版社1988年版,第1000页。
[⑤] (清)袁枚:《小仓山房诗文集》,周本淳标校,上海古籍出版社1988年版,第1782~1783页。
[⑥] (清)袁枚:《小仓山房诗文集》,周本淳标校,上海古籍出版社1988年版,第17页。

后来回忆青少年时写有《杂诗》："幼年负奇气，开口谈兵书。择官必将相，致身须唐虞。"在《秋夜杂诗》中有言："仆也齿相击，能读十三篇。愿得丈二殳，为国铭燕然。""少小气盖世，于书靡不窥。上探皇王略，下慕管乐才。天文及阵法，一一穷根荄。"只不过后来"年岁日以增，志气日以卑。静观天下事，非我所能为。"①他也便看透世事，以诗文自娱。

追求务实的断案解纷思想

袁枚在担任县令期间，解决了很多民间纠纷，他在断案解纷的过程中，始终坚持实事求是，以务实且灵活的态度息讼止纷。乾隆年间，在江苏任县令的袁枚妥善处置了一起房屋典当案。秀才汤宾生家境贫困，将房屋典当给同窗屈映伯，但未约定回赎问题。后汤宾生因故去世，妻子汤崔氏带着幼儿，生计艰难。她找到屈映伯，希望他再加一些钱便将房屋让与他。屈映伯得知汤崔氏无力赎房时，不同意加价，妄图以典当价将房屋绝卖据为己有。汤崔氏怒不可遏，与屈映伯扭打时，打坏了其财物。屈映伯恼羞成怒，对汤崔氏拳脚相加。案件诉诸官府，袁枚查明案情后作出判决：

"审得屈映伯呈控汤崔氏一案，控案虽为毁物殴人，而起因实在房屋找价……本县按房屋找绝与否，虽须出双方同意，不能强典屋者以必从。然汤崔氏柏舟矢志，画荻教儿，茹苦含辛，茕茕孑立。其可怜凄楚之状，虽路人亦为扼腕。况屈映伯本有兼葭之亲，又有同师之雅，即无此房屋纠葛，亦应钦其守节，哀其无告，量予资助，成人之美。况有房屋相抵，依价找绝，名正言顺，无可拒绝。乃屈映伯利其寡孤之可欺，一再拒绝之不已。又恶声以相加，为富不仁，一至于此，本县不能再曲为宽恕也。着令找出钱一百千文，交界汤崔氏，作房屋加价之费。但在三十年内，如汤姓孤儿抚养成立，有志赎回先人产业者，亦听其出价赎回，屈映伯不得藉故拒绝。汤崔氏年甫及笄，已遭此厄，斯真天道之无知，人生之极苦，而又无一瓦之覆，一陇之植，纵有十指，亦难恃以为生，仰即送入清节堂守节。从此

---

① （清）袁枚：《小仓山房诗文集》，周本淳标校，上海古籍出版社1988年版，第230~232页。

米盐有着,不愁吾子之多餐。"①

　　这是一起因房屋典当引发的伤人毁物案,袁枚并未拘泥于伤人、毁物行为本身,而是一针见血地指明案件之症结。对典当纠纷,他也没拘泥于契约与律文,而是结合实际情况进行裁判。汤崔氏孤儿寡妇,生计困难,确实无力回赎房屋。屈映伯与汤宾生本是旧时同窗,应鼎力相助才符合基本之人情。袁枚酌情让屈映伯给汤崔氏房屋加价"一百千文"。对房屋回赎期限,也根据具体情况,确定为三十年内,"汤姓孤儿抚养成立,有志赎回先人产业"。考虑到双方贫富悬殊,袁枚实事求是,作出了切合实际的裁判,力求取得案件处理的最佳社会效果。②

---

① 王英志编纂校点:《袁枚全集新编》(第19册),浙江古籍出版社2015年版,第36~37页。
② 刘文基:《袁枚妥处房屋典当案》,载《人民法院报》2019年6月7日,第6版。

四、宋元明清时期

朱珪

朱珪（公元1731年—1806年），字石君，号南崖，晚号盘陀老人。原籍绍兴府萧山县人，后随父朱文炳由萧山侨居顺天大兴县（今北京市），遂入籍顺天府。朱珪17岁考上进士，从事文史修撰，后历任多项要职，官至两广总督。朱珪体察民情，上书朝廷，开仓救灾，稳定了民心。建筑决堤，修缮民房，给农民派发谷种，为百姓生活回到正轨作出了重要贡献。朱珪始终以百姓利益为重，为官期间不同流合污，坚决与害民之马作斗争。

推行宽仁治国理念[①]

朱珪是乾隆帝任命的皇十五子颙琰（嘉庆）的师傅，以其学问、品德影响了嘉庆。乾隆四十年（公元1775年），朱珪奉召入觐，进入上书房，成为未来皇帝嘉庆的老师。朱珪教导颙琰要成为尧舜之君，以修身、宽仁、节俭

---

① 参见曹志敏：《朱珪的理念与嘉庆朝文字狱的终结》，载《北京科技大学学报（社会科学版）》2014年第2期。

表率天下，他说："臣伏绎《大学》一书，该本末贯始终，朱子释之曰明德为本，亲民为末；知止为始，能得为终。以经解经，则曰修身为本，大畏民志，此谓知本。又曰德者本也，财者末也，未有上好仁而下不好义者也，未有好义其事不终者也，为君为臣为父为子，各止于至善，是谓得止者也。"①乾隆四十五年，朱珪外放福建学政，临行前，他效法古代瞽史师工的针砭美刺之义，作《五箴》送至颙琰藩邸，《五箴》即"曰养心，曰敬身，曰勤业，曰虚己，曰致诚"②，朱珪向颙琰谆谆讲述养心之道、修身之方、勤业之理、虚己之要、致诚之义，希望其从而达到儒家所讲求的圣王贤人的理想人格。朱珪的教导深深影响了嘉庆帝，尤其是在仁厚、崇俭、勤政等方面。嘉庆四年正月初三日，嘉庆帝即召朱珪来京供职，朱珪接到谕旨"不知所措""见星奔月"③，在路途中便上疏："天子之孝，以继志述事为大。亲政伊始，远听近瞻，默运乾纲，霶施涣号，阳刚之气，如日重光，恻怛之仁，无幽不浃。修身则严诚欺之介，观人则辨义利之防。君心正而四维张，朝廷清而九牧肃。身先节俭，崇奖清廉，自然盗贼不足平，财用不足阜。"④这段上疏体现的基本治国理念是：严诚欺、辨义利、奖励节俭，成为嘉庆亲政初年的施政纲领。朱珪受儒家思想的影响，性情宽厚、谨言慎行，加上迷信佛教，而不愿杀生，这些都在一定程度上对嘉庆帝仁政治国的理念产生了潜移默化的影响。

嘉庆元年（公元1796年）在接到大学士的廷寄任命后，朱珪便表达了其主张宽仁治国的施政理想。当时川楚白莲教大起义正如火如荼之际，朱珪提出轻徭薄赋以恢复百姓元气，主张宽仁治国以稳定民心，不无道理。另外，面对有过错的大臣，朱珪认为天子应以宽大得民心，持优容的态度以对待。这对当时改变因清廷屡次大兴文字狱，对汉族士大夫的经世抱负实行打压政策而造成官场世风萎靡的状况具有积极作用。朱珪在民本思想基

---

① 朱珪：《圣驾临雍讲学礼成颂一首谨序》，载《知足斋诗集》卷一四，续修四库全书本。上海古籍出版社1995年版。
②④ 《清史稿·朱珪传》。
③ 《乾隆名儒年谱·朱珪年谱》，国家图书馆出版社2006年版，第582页。

础上提出的宽仁治国、重视道德教化作用，对当代中国特色社会主义法治建设体系中利用道德资源、重视道德作用具有积极的意义。

主张废除文字狱

乾隆帝统治时期，清廷实行高压政策达到顶峰，屡次大兴文字狱，严重禁锢了士人的思想，"避席畏闻文字狱，著书都为稻粱谋"①。到嘉庆朝，内忧外患纷至沓来，朱珪认为振兴政治首先要放松对思想文化的控制，因此，他向嘉庆帝谏言废除文字狱，他认为，目前朝廷中几乎看不到真正关心国家前途命运的人，正如翰林院编修洪亮吉所言："数十年来，以模棱为晓事，以软弱为良图，以钻营为取进之阶，以苟且为服官之计"②，这样的人倒比比皆是。若继续实行高压政策，士人便皆以推诿为苟全之道，导致嘉庆一朝官员因循疲玩、行政效率弱化，国家前途命运可谓堪忧。在朱珪宽仁治国理念的影响下，嘉庆帝放松了当朝的文化政策，开释了因文字狱案而身陷囹圄或遭发遣的缘坐人犯。在嘉庆帝看来，对于实犯大逆缘坐的人犯，自然应当按律办理，而那些比照大逆缘坐的人犯，只是因为文字偶尔不检点就与叛逆同罪，于人情王法不当。因此，他要求刑部详查比照大逆缘坐人犯的案情缘由，等候皇帝重新定夺，该做法给予了从前因文字狱犯案的人犯及其子孙平反昭雪的机会。

嘉庆朝唯一一次文字狱，便是洪亮吉事件。洪亮吉是乾隆五十五年（公元1790年）进士，他在获悉嘉庆广开言路后，一口气写了千字上书，指责大清官吏或"钻营投机"，或"苟且偷安"，并将根源归于嘉庆。嘉庆读完后很生气，便下旨将其抓入天牢。但对洪亮吉是否用刑，嘉庆帝踌躇再三，最终决定将其发配充军去伊犁。洪亮吉事件后，嘉庆一朝再没发生因文字获罪的事件，盛行于康、雍、乾三朝近150年的文字狱，就此画上了句号。文字狱的废除，与朱珪宽仁治国理念的推行不无关系。嘉庆帝广开言路，善于纳

---

① （清）龚自珍《咏史》。
② 《清史稿·洪亮吉传》。

谏，使士人敢于议政论政，经世致用思潮的兴起，也与其深受朱珪儒家"内圣外王"之道的理念不无关系。①

朱珪，以尧舜之君教导嘉庆帝，其宽仁治国的政治理念对嘉庆朝政局产生了深远的影响；他极力主张废除文字狱，对清后期兴起以关注时事、研究现实问题为标志的经世致用思潮起到了促进作用。

---

① 曹志敏：《朱珪的理念与嘉庆朝文字狱的终结》，载《北京科技大学学报（社会科学版）》2014年第2期。

汪辉祖

汪辉祖(公元1731年—1807年),字焕曾,号龙庄、归庐,浙江绍兴府萧山县人,是清代名闻全国的"绍兴师爷",被称为"一代名幕"。早年汪辉祖多次应试,均未中,后入幕僚成为"绍兴师爷"。在清代州县,幕友作为一个特殊的群体,从事着帮助作为"外来人"的官员处理幕务等工作,尤其在断案上起着至关重要的作用。汪辉祖为幕三十四年,足迹遍布江浙两省十八个州县衙门,其中江苏九年、浙江二十五年,因为善断疑案且有较好的效果,所以在当时作为"名幕良吏"的汪辉祖享誉全国。他在任州县官五年期间,勤政爱民,政绩斐然。

作为一名清朝时期基层的法律工作者,汪辉祖担任过古代司法系统中两个重要的基层法律角色,且其主要工作就是理讼,故形成了许多案例处理办法和诉讼观念。他的很多法律思想在清代中后期被诸多幕友和牧令遵奉为"科律",成为值得"时时省览,奉为楷模"的典范。虽然汪辉祖的法律思想具有一定的保守性,但仍有许多可以借鉴的地方。其主要著作《佐治药言》(以及《续佐治药言》)和《学治臆说》(以及《学治续说》)二书就是其案件处理原则、技术等的直接体现。近代学者胡适曾盛赞汪辉祖:"我读乾隆、嘉庆时期有名的法律家汪辉祖的

> 遗书，看他一生办理诉讼，真能存十分敬慎的态度。他说：'办案之法，不惟入罪宜慎，即出罪亦宜慎。'他一生做幕做官，都尽力做到这'慎'字。"①

"养人""爱民"的贵民思想

汪辉祖"养人""爱民"的贵民思想主要体现在审案不劳民、案件快速审结和关注罪犯处境三大方面。汪辉祖在办案时一直主张就事论事，主抓案件的主干，绝不在细枝末节之处纠缠，尤其是不可以株连他人，否则会"枝节横生，累人无已"。诸如在审理案件时，不是必须到场的人证或有其他特殊情况，尽量不要求其到现场参加审理。提倡快速审结案件的做法也是为了尽量不劳民，因为当时生产力低下，时间对于普通民众是相当宝贵的。此外，一旦案件审理时间确定，"唯期有一定，则民可遵期而至，无守候之苦"②。汪辉祖在司法实践中的大量做法都是在充分考虑民众切实问题的基础上形成的，在确保案件得到妥善审理的前提下，尽量减少民众在审理案件期间的不必要的花费。他"养人""爱民"的贵民思想，在对待罪犯的态度上也有所体现。他认为"无论事之大小，必静坐片刻，为犯事者设身置想，并为其父母骨肉通盘筹画，始而怒，继而平，久乃觉其可矜，然后与居停商量，细心推鞫，从不轻予夹杖，而真情自出"③。从这一观点可以看出其人道主义思想的萌芽，这在当时是难能可贵的。

"法贵准情"的理讼思想

汪辉祖作为清代中后期著名的基层法律工作者，不但具有深厚的法律功

---

① 胡颂平：《胡适之先生年谱长编初稿》，联经出版事业公司1984年版，第1935页。
② 《学治臆说》。
③ 《佐治药言·须为犯人著想》。

底，能够熟练地依律治罪，而且其在司法实践中非常注重"情"与"法"的结合，以实现良好的社会效果。这其中的"情"在实践中具体表现为伦理道德、风俗习惯等俗情。可以看出，汪辉祖法律思想中的"礼治"占据着十分重要的地位，甚至可以说"礼治"是他在具体司法实践中的指导思想。首先，汪辉祖认为"命案出入，全在情形。情者起衅之由，形者争险之状。衅由曲直，秋审时之为情实，为缓决，为可矜，区以别焉"①，即此时的"情"在实践中主要指向的是主观动机。其次，他提出"人情万变，总无合辙之事。小有差错，即大费推敲。求生之道在此，失入之故亦在此"②的观点，"情"不再局限于所谓的"起衅之由"，而是扩展到复杂社会环境中的道德，此时的"情理法"就是"礼治法"。汪辉祖一贯强调"情"在化解纠纷矛盾以实现良好社会效果和维持社会和谐稳定中的重要作用，并进一步指出要注重对这些"情"的了解。经过长期的法律实践，汪辉祖认为法律本身具有较大局限性，尽管大部分的社会关系直接适用法律就可以得到较好的调整，但是实践中还是存在不能通过机械地套用规定而得以调整的特殊情况。此时，就需要通过合理把握"情"来断案，以较好地平衡当事人之间的利益。

"断案不如息案"的无讼思想

汪辉祖认为："词讼之应审者，什无四五。其里邻口角，骨肉参商，细故不过一时竞气，冒昧启讼，否则有不肖之人，从中播弄，果能审理，平情明切，譬晓其人，类能悔悟，皆可随时消释。间有难理，后亲邻调处，吁请息销者，两造既归辑睦，官府当予矜全，可息便息，宁人之道。断不可执持成见，必使终讼，伤同党之和，以饱差房之欲。"③他认为，在当时的时代背景下，中国熟人社会的传统依旧盛行，社会上的大多数纠纷发生在亲人邻里之间，只要通过适当的调解就可以达到息讼目的，进而实现较好的社会效果，他说："第摘其词中要害，酌理准情剀切谕导，使弱者心平，强者气沮，

---

① 《佐治药言·命案察情形》。
② 《佐治药言·勿轻引成案》。
③ 《佐治药言·息讼》。

自有亲邻调处。与其息于准理之后，费入差房，何如晓于具状之初，谊全姻睦。"①此外，汪辉祖还主张用时间来化解纠纷，"盖事可寝搁，必其气已平，因而置之，有益无损"②。总之，汪辉祖一贯主张通过各种方式来息讼，以实现其内心所向往的社会秩序。

汪辉祖在"省事"一文中列举了打官司的种种害处："谚云：衙门六扇开，有理无钱莫进来。非谓官之必贪，吏之必墨也。一词准理，差役到家，则有馈赠之资；探信入城，则有舟车之费。及示审有期，而讼师词证以及关切之亲朋相率而前，无不取给于具呈之人。或审期更换，则费将重出。其他差房，陋规名目不一。谚云：在山靠山，在水靠水。有官法之所不能禁者，索许之脏，又无论已。"③

尽管身为"师爷"，但汪辉祖对讼师并无好感，他认为"唆讼者最讼师，害民者最地棍"。在儒家"无讼"思想的影响下，传统中国以"息讼止讼"为最高追求。因此，地方司法官都追求"息讼"，常常会警告本地讼师莫要挑唆词讼。在这样的社会思潮之下，人们以诉讼为非，以息讼为美，普遍认为无讼才是社会安宁、和谐的基础。

重视法律的指引、预防作用

汪辉祖认识到法律具有良好的预防教育作用，因此在司法实践中他十分强调通过听讼的方式来实现法律的指引、预防作用。他认为"听讼"可以起到多方面的作用，其中最直接的效果就是"止判一事，而事之相类者，为是为非，皆可引伸而旁达焉，未讼者可戒，已讼者可息"④，即对普通民众起到直接的教育指引作用。此外，在给予违法之人惩罚使其不再犯的同时，还可以预防一般民众作出同样的行为。汪辉祖的这些做法其实就是现代刑罚理念中特殊预防和一般预防的体现，对当下的法院诉讼也颇具可借鉴之处。

---

① 《续佐治药言·批驳勿率易》。
② 《续佐治药言·勿轻易签差》。
③ 《佐治药言·省事》。
④ 《学治臆说卷上·亲民在听讼》。

可贵的是，汪辉祖在其将近四十年的佐治生涯中，在实践中一直秉持着就事论事的理念。面对士子干预司法导致断案不公的问题，汪辉祖考虑到这一群体的特殊性，采用了诸如羞辱的特殊方法，使得"与干讼者荣辱迥殊，则士以对簿为耻，莫不砥厉廉隅"①，进而达到预防效果。

注重诉讼过程的严谨以实现慎用刑罚

汪辉祖十分注重诉讼过程中严谨的重要性，他认为只有这样才能实现"慎刑"。首先，在事实认定上，汪辉祖在长期的司法实践中掌握了大量的事实认定技术。比如在验伤取证的时候，他强调必须在仵作验伤后，再亲自去检查结论的真伪，"万一伤者殒命，此即拟抵之据，生前之供状未明，死后之推求徒费，犯供翻异，案牍纠缠，率由于此，则何如亲验之可恃也"。②其次，在对违法之人适用法律时，他特别指出在对可能判处死刑的罪犯适用法律时须更加慎重。汪辉祖在适用法律文本时一贯坚持的原则是不机械套用，而是依据"情理"灵活处理，这也是其"养人""爱民"思想的体现。他强烈反对从重适用刑罚尤其是适用死刑时，特别是牵强适用死刑。再次，不仅在定罪量刑时须谨慎，在认定无罪的时候也须严格依照程序，做到不偏不倚。最后，关于官员办案，他认为"盖官之治事，妙在置身事外，故能虚心听断，一切以访闻为主，则身在局中，动多挂碍矣"③。

慎刑思想在中国古代早已存在，如西周时期的"明德慎罚"思想、汉代的"德主刑辅"立法司法观念、唐代的"德礼为政教之本，刑罚为政教之用"学说等。汪辉祖认为刑罚的谨慎适用应体现在事实认定、法律适用和程序应用三个维度上。在事实认定方面，汪辉祖强调司法官要严谨地审核供状，"谚云'无谎不成状'"④，所以对状词要客观公正地审视，绝不能有先入为主的想法。此外，还要辨析状告者的意图，司法官不能被各种案外事实、状况、讼

---

① 《学治臆说卷下·宜使士知自爱》。
② 《学治臆说卷下·治士及干讼之法》。
③ 《佐治药言·访案宜慎》。
④ 《续佐治药言·核词须认本意》。

师的言词等所干扰，不能单纯依靠口供定罪，还要结合实际的证据加以辅证。在法律适用方面，汪辉祖认为事实认定清楚后，在适用法律上也要本着谨慎的原则，对于可能判处死罪的人，应从求生的角度入手，"法在必死，国有常刑，原非幕友所敢曲纵。其介可轻可重之间者，所争止在片语，而出入甚关重大，此处非设身处地，诚求不可，诚求反复。心有一线生机，可以藉手。"①此外，汪辉祖抛弃了传统死板依律的做法，在符合道德和法律的原则之下，努力寻求能为罪犯减免处罚的合法理由。在程序应用方面，汪辉祖强调四个方面的慎重：一是"慎初报"，案件的初审一定要周延谨慎；二是"办案宜速"，办案要迅捷快速，不能久拖不决；三是"访案宜慎"，司法者在审理过程中应本着中立公正的态度；四是对于上级的批驳，要谨慎对待。

此外，汪辉祖认为审理重大疑难案件时，应"分别重轻，可以事为经者，以人纬之，可以人为经者，以事纬之。自为籍记，成算在胸，方可有条不紊，不堕书吏术中"②。当然，如果"犯者实系凶横，或倚贫扰富，拨草寻蛇，或恃尊陵卑"，对于这种人，"尤须尽法痛惩，即老病，或妇女，亦当究其抱告，使知亲不可恃，法不可干，庶几强暴悔心，善良安业"。③

幕道修养及做幕准则

绍兴师爷非常讲究幕道、品德修养及做幕准则，就是"俨然以宾师自处"，做幕主的朋友和老师，要"尽心""尽言"，与幕主"同船合命"，即讲究一个"品"字、一个"信"字。诚如汪辉祖在《佐治药言》中所言："信而后谏，惟友亦然。欲主人之必用吾言，必先使主人之不疑吾行。为主人忠谋，大要顾名而不计利。……故欲行吾志者，不可不立品。"④他在《病榻梦痕录》一书中，更为详细地阐述了幕道原则，要求幕友"效力于主人者，宜以公事为己事。留心地方，关切百姓，使邑人皆曰主人贤，庶几无愧宾师之任"。

具体应做到：

---

① 《佐治药言·求生》。
② 《学治臆说·盗案宜防诬累》。
③ 《学治臆说卷上·犯系凶横仍宜究惩》。
④ 《佐治药言·立品》。

第一,"立心不可不正""心正而其术始端"。

第二,要"尽心、尽言""必竭所知所能"。

第三,要勤于办事,"事到即办",不"枉废一日之事",办事时还要非常慎重,不能轻率。幕友勤事,不仅在于为主官考成,亦为顺应民情。汪辉祖指出:"一事入公门,伺候者不啻数辈,多延一刻,即多累一刻。如乡人入城探事,午前得了,便可回家;迟之午后,必须在城觅寓,不惟费钱,且枉废一日之事。小民以力为养,废其一日之事,即缺其一日之养。其羁管监禁者,更不堪矣,如之何勿念?况事到即办,则头绪清楚,稽查较易。一日积一事,两日便积两事。积之愈多,理之愈难,势不能不草率塞责。讼师猾吏,百弊丛生,其流毒有不可胜言者。"① 故此,"勤为尽心之实"。汪辉祖历事主官,无不竭力相辅,谨慎从事,使其主官享有贤声,因而宾主相处甚洽。

第四,要坚持原则,不随便迁就主人,一旦与幕主"不合",则宁可马上辞去,也绝不能放弃原则,否则稍为迁就,便是私心用事,处理事情就"不能适得其平"。汪辉祖认为,"宾之佐主,所办无非公事,端贵和衷商酌,不可稍介以私……以主人意见不同,稍为迁就,便是私心用事。盖一存迁就之见,于事必费斡旋,不能适得其平"。② 汪辉祖之所以能够坚守己志,在公事上不轻易迁就,主要是立身端正,不图非分,与主官始终保持着一定的分寸,以义礼相交。在平湖幕中,县令刘国煊欲与其结拜兄弟,汪辉祖婉辞之。他当时是一介寒士,县令欲与结拜而不可得,可见其安分守己、不图非礼的风格,这也是他受尊重而终成一位良幕的原因。幕友佐官为治,于公事处理,意见不可能事事一致,关键在于如何向主官纳言。官如以"利害"理公事,而幕坚持以"是非"论公事,则官幕间龃龉无可避免。虽然官幕间无"势分之临",然宾主之礼却不足以制官。既然幕友"持正不挠,不为所夺",则只能以去就相争,迫使主官采纳意见。如主官依然一意孤行,便只好"不合则去"。汪辉祖一生因直言进谏就有七次辞馆的经历。辞馆为幕道中幕对官唯一的硬性制约。对此,汪辉祖认为,幕友平时"不能过受主人之情",

---

① 《佐治药言·勤事》。
② 《佐治药言·公事不宜迁就》。

若因"过受主人之情"而"恋馆"不去,坐视官之虐民,显然属违反幕道的行为。

第五,绍兴师爷在佐治地方政务方面,起到重要作用,对当时的胥吏衙蠹也起到一定的约束作用。汪辉祖在《佐治药言》中说:"幕友之为道,所以佐官而检吏也。""约束书吏,是幕友第一要事。"[①]

---

① 《佐治药言·检点书吏》。

宗稷辰

宗稷辰（公元1792年—1867年），字迪甫，一作涤甫，号涤楼，浙江会稽（今浙江绍兴）九曲弄人。清代道光元年考中举人，官至山东运河道。宗稷辰一生为官清正，学问渊博，先后主持过湖南、濂溪等书院。罢官回籍后，主持余姚龙山书院、山阴蕺山书院。著有《射耻斋文集》等书。

主张阳明心学，反对将心学和理学分离

宗稷辰在学习了程朱理学和阳明心学后，得出了自己的一些观点。首先宗稷辰认为不能将陆王心学和程朱理学相对立，"自有明以来，讲学宗朱者辄与阳明为敌，众口一词，坚执不破。幸得深如高景逸、刘蕺山，笃信如孙夏峰、汤孔伯，乃克观其会通而定于一，嗟乎？亦知阳明子之学，即朱子之学乎哉？"①他认为，阳明心学和理学是相辅相成的，这两者中存在共同点：

---

① 宗稷辰：《长沙重刻阳明先生文集序》，载《躬耻斋文钞》卷五，咸丰元年刊本，第4页。

朱熹"融本体功夫而一之","先开合一之说","由是而推之,阳明悟彻之本,无一非朱子所已经,阳明传习之文,无一非朱子所素辨"。①②

其次,宗稷辰对陆王心学阐述了自己的理解。其认为"阳明之学,从天道入者也。惟得天之圆,是以有觉于一心,即可觉人人之心;有格于一物,即可格物物之事。而其人我事物之无不周遍者,实大圆之中藏大方焉,天道之中涵人道焉。"③阳明心学凡事都从"心"入手,以"心"为万物的本体,天理都存在于万事万物的本心之中。宗稷辰在自己的著作《深虑篇》《远见篇》《齐本篇》中探究了"意""心""几"等的哲学含义。④宗稷辰认为"几"是心动而产生的最初意念,一个人修养的程度就建立在"沈几"的基础之上。因此,人的成功在于"先练心",心能练成"宏毅",那么就可以负重任行远路。而对于"意"的理解,宗稷辰则受到了刘宗周"意善说"的影响,认为"意"本善,乃是心之所存的地方而非心之所发之处。

最后,宗稷辰强调王学和朱学的相互联系,实际上是在为王学的复兴寻找依据,从影响力较大的理学思想中为心学的合法性和合理性找到生存的有利条件。宗稷辰对陆王心学的言论和观点为心学的发展和重新兴起提供了一定的支持,心学之后又在20世纪初得到了复兴。

注重人才的培养和提拔

清末官场混乱,国家情况危急,然而有能者甚少。一部分有经世之才的能人无法通过官方渠道晋升。宗稷辰向皇帝进言,言明了国家人才匮乏之现状,指出了人才的重要性,"则得一人可以平数州,得数人可以清一路。长江虽阻,当不难分道建功,克日平定。伏乞皇上命内外臣工各举所知,无论已仕未仕,果能文武兼资,皆许征起,必可网罗而尽得之"⑤。最后,宗稷辰

---

① 徐世昌编:《清儒学案》(4),中国书店2013年版,第3592页。
②④ 参见史革新:《晚清陆王心学复苏的若干考察》,载《徐州师范大学学报》2005年第1期。
③ 《躬耻斋文钞·宗稷辰答黄树斋论姚江》
⑤ 《清史稿·宗稷辰传》。

提出了如何网收人才的策略,"开举文武兼资一科"。宗稷辰对优秀的人才也不吝夸赞和举荐。在奏疏中,宗稷辰大力推举了左宗棠,认为左宗棠的能力并不在林翼、泽南之下。左宗棠因为此次推举受到了重视,从此平步青云,为保卫清末王朝疆土做出了卓越贡献。

骆照

骆照（公元1811年—1878年），字叙清，祖籍诸暨。骆照是清朝著名刑名师爷，他在绍兴办案过程中以审慎、严格、干练著称，被称为"骆大师爷"。道光十五年（公元1835年），骆照来到河北保定学习清朝的法律知识，学成以后，长期在今北京、天津、河北、山东、江苏一带以刑名幕友为职业。在天津当直隶按察使刑名幕友时，骆照将直隶督署在咸丰、同治年间积压的500余件案件，仅用5个月的时间清理完毕。另外，骆照还在清理案件的过程中，总结制定了《清理积案规条十则》。该规则被清朝政府所认可，并向全国广泛推行。

主张实事求是、谨慎办案

骆照是清代著名的刑名师爷，他办案严谨，学识渊博，在一些著名案件中，他的论证思路颇有"以事实为依据，以法律为准绳"原则的意味。他能谨慎办案并为同行所赞许，主要有以下几个原因。

首先，骆照以绍兴师爷的身份闻名。"无绍不成衙"，说的是明

清时期绍兴师爷遍布各地衙门。他们以"幕友"的角色执掌奏折、刑名、钱谷、书启、挂号、征比等上系国计、下关民生的大事。[①]以骆照为代表的刑名师爷是一批影响各地衙门的封建"法学"代表。绍兴能出优秀师爷是因为绍兴具有独特的文化、地理、经济等因素。第一,绍兴作为文化教育水平高的地区,文化底蕴深厚,当地百姓耳濡目染,有一定经济条件的家庭都会培养孩子积极并鼓励他们参加科举考试。在这样人才济济的地方,由于每年有科举名额的限制,许多未考取功名但文化水平高的文人为了谋生,转而辅佐官员,以幕友为业。当时法律规定,从事幕友为职业的人员如果在任职过程中累积了军功、治理功劳的,可以由督抚审核并推荐转入仕途。因而,绍兴大量优秀的人才通过幕友的途径谋生,并借机谋划未来发展。第二,绍兴经济发达,百姓富庶,造就了当地人善于言辞、审时度势、为人精明的特征。绍兴师爷亦被其他各地的衙门官员所赏识,最终在全国的官僚系统里成为特定的群体。第三,绍兴虽经济发达,但是地方面积没有北方平原之大,未考取功名的文人也不屑于务农、经商、打工等职业,因此只有外出寻找幕友岗位来谋生。第四,幕友职业的收入、地位比衙门里的吏要高。绍兴师爷的雇主大多是地区的地方官,掌握实权,但缺乏法律知识,需要一些幕友协助自己处理司法、执法等活动。因而绍兴师爷的社会地位比较高。由于绍兴师爷对于一些事务的"垄断",衙门的主事者不得不依赖其才能,并给予丰厚的报酬。

其次,骆照的法律知识储备足、法律素养高。绍兴师爷职能分工很多,但是该群体拥有一套系统性的知识与技能学问——幕学。为学习当时法律知识,骆照前往河北保定积极学习《大清律例》《洗冤集录》等法律知识。《大清律例》是清代官方推出的权威法律文件,具有丰富的法律知识与法理理论,但内容繁多杂糅。经过几代绍兴师爷的办案实践与理论提升,《大清律例》被化繁为简,成为后进幕友必学之内容。《大清律例》的简要本方便了骆照等刑名幕友的学习,推动了绍兴师爷协助办理的案件的结案质量。《洗冤集录》虽成书于宋代,但该书拥有大量古代法医经验总结,对于清代刑名幕友

---

① 董纪林:《绍兴师爷与封建法学》,载《历史档案》2006年4期。

办案起着举足轻重的作用。虽然本书涉及法医学判断，但由于作者个人知识所限，内容不能面面俱到，整本书的内容是偏少的。绍兴师爷们在办案中不断反思总结案情，在《洗冤集录》的基础上，积极增加拓展本，也增强了骆照等绍兴师爷的专业水平。

最后，清末的官僚制度已经成型，绍兴师爷与上级官员的关系也制度化、法律化。由于衙门的主事者皆由科举考试产生，所学的内容为儒家经典，缺乏法律知识的学习与法律思维的锻炼，因此，在办案中，单纯依靠自己并不能有效依照法律来判断案情，分析其中的法律关系，并作出合理合法的处理结果。这时，绍兴师爷辅佐官员的作用得以发挥并成为惯例。

主张疑罪从轻、依法施仁

作为著名的刑名师爷，骆照在办案时以事实为依据、以法律为准绳，兼顾情理与法理，并主张疑罪从轻、依法施仁。例如，骆照曾处理过赵州的一个离奇案件。在一个村庄里，一位贫穷的农民吃了毒饼后毒发而亡，官府查验后认定是其妻子毒杀了自己的丈夫。该案件被上报要求判处这位妇人死刑，并且依照《大清律例》关于毒杀丈夫的规定，妇人将被实施最严酷的刑罚方式——凌迟。骆照接到案子进行复审时，并不急于附和原有的结论，而是要求亲自审讯该妇人。多次的提审情况让骆照察觉到案件的疑点，妇人只道自己为了自杀，并不想毒杀自己的丈夫。为此，骆照又走访当地村庄，询问了左邻右舍以及这对夫妻的各自亲友，发现妇人没有毒杀自己丈夫的动机，且案件发生时的一些细节不能证明毒饼是妇人为了毒杀其丈夫而做的准备。经过反复思考分析，骆照认为实情是妇人因为无法忍受一贫如洗的乡下生活，内心产生抑郁厌世的心理，遂想以吃毒饼来自杀。没想到待她制作好毒饼，她因邻居找她有事，离开了自己的住所，而丈夫刚好在她不在之时进屋回家，干完农活又累又饿，便将妇人制作的毒饼吃了，毒发身亡。骆照根据事实，主张主事的官员依照《大清律例》改判，将原先的"故意杀人罪"改为"过失杀人罪"，妇人免于凌迟的冤屈，接受了终身监禁的判决。该案件使得骆照在京津闻名。

还有一案展现了其疑罪从轻的思想。江苏沭阳豪富徐大曾因纠纷活埋了庄姓兄弟四人，仗着自己的权势和地位到处行贿，企图嫁祸于庄宽，假称凶手在逃。江苏按察使薛焕邀请骆照入幕帮助办理此案，骆照援用"罪疑惟轻"的原则，以庄宽在逃，应查封其田产，而徐大曾虽不是首谋，但他平时称霸一方，多行不义，拟予发配新疆，遇到大赦也不赦，先予监审，待追获庄宽到案后，如果确定徐大曾是首谋，再行发迁。可见，对于疑难案件，骆照都小心谨慎，建议从轻处断。正因为刑名师爷常操生杀之大权，所以必须谨慎为之。

编写《清理积案规条十则》

骆照在断案之余，编写了《清理积案规条十则》。在天津当刑名幕友时，骆照将直隶督署在咸丰、同治年间积压多年的的500余件案件仅用5个月的时间进行了清理，同时将同治三年以前所积作为归案，一概免扣审限，奉旨允准，并勒令各省照办。在此基础上，骆照总结并编纂了《清理积案规条十则》，得到了朝廷的赏识。《清理积案规条十则》成为之后绍兴师爷特别是刑名幕友的重要学习书籍，里面一些内容极具参考价值，类似于当今的指导案例。就连曾国藩在处理地方事务时，也曾依照《清理积案规条十则》将衙门里积压的案件清理完毕。

五、清末民国时期

1840年鸦片战争爆发，中国进入一个历史变革时期。清朝末年，内部封建统治危机日益凸显，土地集中、流民成群、吏治腐败、贿赂公行，引发了社会上一些人要求变革的呼声。同时，西方列强用鸦片和坚船利炮敲开了"天朝"的大门，腐朽的清王朝不堪一击，国人的危机感日益加深，变革的要求也更加迫切。

鸦片战争前后，封建统治阶级内部出现了一批相对比较开明的知识分子，他们是中国近代第一批"睁眼看世界"的改革派思想家，如龚自珍、魏源、林则徐等。他们一方面要求抵抗外来侵略，大胆批判清朝腐朽的政治法律制度，提倡社会改革；另一方面，他们极力主张向西方学习，师夷长技以制夷，并倡导因"势"而变法。①

太平天国时期，以洪秀全为首的统治者们制定颁布了《天朝田亩制度》，提出了废除封建土地所有制的土地立法主张；制定了一系列法律法令，实行重刑惩罚主义；要求平等，希望建立一个没有剥削、没有压迫的理想社会。后期主持朝政的洪仁玕，制定了带有资本主义性质的施政纲领——《资政新篇》，较全面地阐述了发展资本主义的思想，并提出了一些实行资产阶级法制的主张。②

第二次鸦片战争后，洋务派思想家出现，他们本着"中学为体、西学为用"的原则，主张"自强""求富"，创办近代军事工业和民用企业；认为在不违反封建纲常的前提下，可以"采西法以补中法之不足"③。

甲午战争后，戊戌变法运动爆发。资产阶级改良派为了救亡图存，提出了变封建主义为资本主义的变法维新主张。他们要求改革政体，实行君主立宪，学习西方，实行资产阶级法治，改革旧律，实施新法。戊戌变法虽然

---

①②③ 杨鹤皋：《略论中国法律思想的发展》，载《中国法学》1988年第3期。

以失败告终，但却直接促成了在19世纪末20世纪初兴起的资产阶级革命运动。资产阶级革命派主张暴力革命，推翻清朝，宣传三民主义，实行五权宪法。辛亥革命后，他们建立了中华民国，推行资产阶级法律制度。①1919年，"五四"运动爆发，从而揭开了新民主主义的序幕，以"五四"为标志的新文化运动是中国法律思想史上的一个转折点，自此以后，中国法律思想的发展进入了一个全新的阶段。

身处这一时期的绍兴名人有革命家、教育家、文学家，还有经济学家。无产阶级革命家梁柏台，参与起草了我国第一部宪法《中华苏维埃共和国宪法大纲》，并整合和修订各类法律规范，创立了苏维埃司法机关，确定了司法程序和审判制度，培养专业司法人员。民主革命家徐锡麟，主张行政官员考察淘汰制，设置国家预算决算机制；反对外来宗教思想的控制，主张文化独立。民主革命志士秋瑾，力求维护妇女的人权，为争取妇女的解放奔走呼吁。她倡导妇女享有人身自由权，婚姻自主，主张男女地位平等、女子有受教育以及参与革命的权利；反对缠足，提倡妇女享有人身自由权②；反对包办婚姻，倡导婚姻自主等。民主革命家陶成章，提出了"反满反帝"的民族主义思想，主张"民主共和"的民权思想，倡导"土地共有"的民生思想。民主革命家邵力子，主张妇女解放，男女平等，批判对女性的歧视。著名教育家蔡元培，深谙儒道思想，提出了民族主义观、治校观、自由主义观和共产主义平等观等。教育思想家杜亚泉，提出了政治调和思想，融阴阳学说、中庸之道、自由主义、科学思想于一体，将两力对抗之调和归为宇宙、社会、人生的基本法则。文学家鲁迅，彻底否定了封建礼治秩序，大力倡导自然法思想；主张"立人"、建立"人国"的思想；深刻揭露反动刑法，批判执法当局的腐朽性。开国元勋周恩来总理，坚持人民在法治中的重要作用，注重法律制度的建立和完善，强调法制的统一性，强调定案须实事求是，提出法治与德治并重等思想。此外，还有经济学家马寅初等人，他们也都提出了一系列颇具特色的有关法律的思想。

---

① 杨鹤皋：《略论中国法律思想的发展》，载《中国法学》1988年第3期。
② 欧阳云梓：《秋瑾的妇女人权思想述略》，载《江西社会科学》2008年第9期。

蔡元培

蔡元培（公元1868年—1940年），字鹤卿，又字仲申、民友、孑民，乳名阿培，并曾化名蔡振、周子余，浙江绍兴府山阴县（今浙江绍兴）人，原籍浙江诸暨。著名教育家、革命家、政治家。民主进步人士，曾任国民党中央执委、国民政府委员兼监察院院长。中华民国首任教育总长。1916年至1927年任北京大学校长，革新北大，开"学术"与"自由"之风；1920年至1930年，蔡元培同时兼任中法大学校长。蔡元培的一生历经中国近现代史上众多社会思潮，民族主义构成了蔡元培的思想底色，自由主义观是蔡元培思想的重要组成部分，而共产主义的平等观成为蔡元培后期革命思想的组成部分。

蔡元培的儒道思想

蔡元培自小深受中国传统儒家思想的浸染，一生都在读书与学习，从入私塾读书到成为翰林院编修，他博览群书，尤以儒家经典居多，因而有着深厚的儒学功底。在中国传统文化中，蔡元培对儒家"中庸之道"感悟最深，他认为儒家思想代表中华民族的根本理想。在《中华民族与中庸之道》和《三民主义的中和性》两篇文章中，他指出：中华民族是具有和善性格的民族，因而推崇"中庸"思想与"和"的理念。此外，蔡元培尤为重视国民伦理道德的培养，并指出我国的伦理道德教育一直偏重于私德方面的教育，而忽视公德的重要性，导致社会整体出现了道德滑坡、急功近利现象。在这种社会背景下，蔡元培提出公德与私德同样重要的观点。他指出，社会是由个体组成的，个人素养的高低决定社会整体道德文明的程度，所以，私德与公德同样重要，不可偏废其一。只有提高国民道德素养，才能整体提升国家文化软实力，倡导社会公德有助于加强公民的民族意识，推进国家的发展进步。①

蔡元培对儒家具体的思想采取批判继承的态度。他传承了李贽倡导的人格平等思想，同时对宋明理学采用佛教和道教的宗教理论进行批判，认为程颐的"饿死事小，失节事大"是对女性地位的贬低。同时，蔡元培扬弃了孔子思想中恢复"周礼"的思想，批判继承了其经世致用的"道"，并批评儒家的后继者为维护当时的封建统治而对"三纲""五伦"任意附会。

蔡元培的民族主义观

蔡元培民族主义思想的产生与当时中国社会的民族危机息息相关。近代以来中外交锋，中国的失败和受辱，特别是甲午中日战争中国的惨败、各列强对中国共同瓜分的狂潮以及当时清政府的腐败无能，唤醒了蔡元培，促使其开始投身政治运动。在戊戌政变发生后，他深刻认识到清廷政治改革没有前途，强烈的爱国意识促使他开始探索一条全新的救国之路，即从政治上进行改良和思想上通过教育挽救国家的道路。②

蔡元培政治思想的内容及其特点，包括如下方面：第一，爱国主义与民族主义思想相结合，具有反帝反封建的革命性；第二，提倡民权和女权，具有强烈的反对封建专制主义、解放资产阶级个性的特色；第三，蔡元培的思想中带有浓厚的个人主义、自由主义，不擅于把革命活动与广大群众结合起来，在他的民主革命实践过程中，曾一度受到政府主义的影响；第四，民主

①② 刘婷婷：《蔡元培哲学思想述评》，天津大学2017年硕士学位论文。

主义思想在民主革命的实践活动中不断丰富和发展,迅速地由一般的旧民主主义转变为争取科学与民主为主要内容的革命民主主义。①

现代化教育管理思想

1917年至1927年,蔡元培担任北大校长,革新北大,坚持"学术自由,兼容并包"的治学原则,采用现代化教育管理制度,把北京大学建设成为新文化运动的发源地与全国学术中心。②蔡元培在就任北京大学校长演说中,重点阐述了他的大学理念:一要学术研究;二要学术独立。其云"诸君来此求学,必有一定宗旨,欲知宗旨之正大与否,必先知大学之性质。今人肄业专门学校,学成任事,此固势所必然。而在大学则不然,大学者,研究高深学问者也。"大学为研究学术的最高机关,是蔡元培反复强调的核心理念。他在《北京大学月刊》发刊词上对此作了集中阐述,"所谓大学者,非仅为多数学生按时授课,造成一毕业生之资格而已也,实以是为共同研究学术之机关"。③

蔡元培将学术自由作为改革北京大学的基本目标。他指出,大学为各种学说荟萃之地,应兼容并包,"大学者,'囊括大典,网罗众家'之学府也"。此外,蔡元培负责起草《大学令》时,明确将学术研究定为大学的主要职责:"大学以教授高深学术,养成硕学闳材,应国家需要为宗旨。"④蔡元培在主政北京大学后,对大学体制以及学科设置进行改革,确定了以院系体制为主的现代大学体制以及"注重文理""废门设系"的现代大学学科设置,充分体现了蔡元培注重学术自由的思想。除了学术自由,蔡元培还注重引入并贯彻"教授治校"原则,即由大学教授、学者自己治理大学。为了落实"教授治校"理念,蔡元培设置大学评议会与教授会,并赋予其重大权力。他在1912年起草的《大学令》中规定,大学实行校长制,校长总辖大学全部事务,各科设学长主持一科事务。为了制衡大学校长及学长的权力,大学设立评议

---

① 季甄馥:《蔡元培社会政治思想初探》,载《南昌大学学报(人文社会科学版)》1981年第2期。
② 刘婷婷:《蔡元培哲学思想述评》,天津大学2017年硕士学位论文。
③④ 左玉河:《蔡元培与五四时期中国现代大学制度的创建》,载《河北学刊》2019年第2期。

会，作为最高权力机构和立法机构："大学设评议会，以各科学长及各科教授互选若干人为会员，大学校长可以随时召集评议会，自为议长。"以此赋予教授充分的自治权。①

同时，蔡元培在中外教育文化交流方面也作出了重大贡献。蔡元培开展的中外高等教育交流活动，为中国近代高等教育的创立和发展提供了欧美各国的经验和模式，形成了自己的思路和看法。如主张应兼采美、法等国的高等教育管理体制；认为既要地方自治，又要加强中央对全国教育事业的统一管理；要重视和强化大学服务社会的功能；大学教育重在发展学生个性，培养学生的创造力，等等。而蔡元培倡导留法勤工俭学运动是出于对学习以法兰西文明为代表的西方先进文化的浓厚兴趣和迫切认识，他深信通过成批学生赴欧勤工俭学，不仅可为中国造就大批专门人才，还可通过这些学生引入欧洲先进科技和教育。②

蔡元培的自由主义观

1927年4月，蒋介石发动反革命政变，蔡元培起初虽拥护蒋介石，反对共产党，但始终坚持把中国的教育事业和文化事业放在首位。此后蔡元培提倡的民权保障思想与蒋介石的主张相悖，他意识到蒋介石的政治主张无法真正保障民主自由，所以决定脱离国民党一派，重新探索民主自由的道路。③

蔡元培极力推崇自由主义的政治理念，但他提倡的政治自由是相对的自由。首先，他认为自由是有限度的，"自由，美德也。若思想，若身体，若言论，若居处，若职业，若集会，无不有一自由之程度。若受外界之压制，而不及其度，则尽力以争之，虽流血亦所不顾，所谓'不自由毋宁死'是也。然若过于其度，而有愧于己，有害于人，则不复为自由，而谓之放纵。放纵者，自由之敌也。"④此外，蔡元培认为真正的自由是以他人的自由为界的。

---

① 左玉河：《蔡元培与五四时期中国现代大学制度的创建》，载《河北学刊》2019年第2期。
② 马芸芸：《蔡元培倡导留法勤工俭学运动原因浅析》，载《西南交通大学学报（社会科学版）》2002年第4期。
③ 刘婷婷：《蔡元培哲学思想述评》，天津大学2017年硕士学位论文。
④ 蔡元培：《中国人的修养》，教育出版社2018年版，第134页。

若自己的自由侵犯了他人的自由,那不是自由,而是放纵。因此,他所推崇的自由必须要做到"己所不欲,勿施于人",也就是说自己拥有各种自由,但不希望自己的自由被他人侵犯,所以,反过来,自己也不要去侵犯他人的自由。蔡认为真正的自由"一以良心为准",这里的"良心"并非是指私人的欲望,而是内在地包含了公共的理性。因此,他主张真自由以"良心"为准,并非主张完全立足于私人的欲望随心所欲。[①]蔡元培的相对自由观对现代人在自由平等的追求上产生重要的现世影响,也是蔡元培思想的重要组成部分。

蔡元培的平等观

蔡元培极力主张共产主义平等观,他早在1916年的《华工学校讲义》中便指出:"人类本平等也。"他坚决反对违背人格平等的欺凌,而拥护对平等的追求。首先,蔡元培的平等观主要包含了两个内容:一是生活平等,二是教育平等。所谓生活平等,指的是在生活上采取平均主义。所谓教育平等,则指在教育上采取平民主义的政策。[②]其次,蔡元培所理解的平等,不是绝对的平等,而是相对的平等。他所主张的平等是机会的平等,不问结果是否平等。因此,他所认为的平等是打破旧的社会组织以成立平等的环境。如他在对待男女教育平等问题时,指出应给男女同等的教育机会,至于男女通过教育之后的最后所得是否平等,就要看各人发挥主体能动性的结果了,不可能强求一律。此外,他在机会平等的基础上,强调发挥个性主义,[③]指出"平等只是打破阶级,绝不是消灭个性","阶级制度一旦打破,个人就从束缚中得到解放,而完全任其自由发展"。[④]蔡元培这种吸收共产主义思想的平等观成为后期蔡元培革命思想的重要组成部分。

---

①②③ 蔡志栋:《在民族主义和自由主义之间——蔡元培政治思想简论》,载《学术界》2010年第3期。

④ 中国蔡元培研究会:《蔡元培全集》(第3卷),浙江教育出版社1997年版,第689~690页。

杜亚泉

杜亚泉（公元1873年—1933年），原名炜孙，字秋帆，号亚泉，笔名伧父、高劳，汉族，浙江会稽伧塘（今属浙江绍兴上虞）人。近代中国杰出的教育家、思想家、翻译家和科普出版家，是百科全书式的启蒙学者。其学问涉及数学、物理、化学、博物、医药、政治、法律、哲学等自然科学和社会科学的各个方面。杜亚泉具有同时代人罕见的广博知识、宏大视野，长远眼光，以及严密、辩证的逻辑思维能力。而他的政治调和思想，对于当代政治的发展及中国特色社会主义法制建设仍具有积极的启示意义。

接续主义：进步与保守的调和

随着辛亥革命的结束，中华民国面临着前所未有的政治和统治危机。宋教仁遇害后，议会民主制伴着孙中山领导的"二次革命"最终走向崩塌，民主共和制度再度陷入危机。杜亚泉对此深感忧虑，他于1914年在《东方杂志》上发表《接续主义》一文，大力提倡进步与保守相调和的政治接续主义,"一方面含有开进之意味,一方面又含有保守之意味。盖接续云者,以旧业与新业相接续之谓。有保守而无开进,则拘墟旧业,复何所用其接续乎?若是则仅可谓之顽固而已。……反之,有开进而无保守,使新旧间之接续,截然中断,则国家之基础,必为之动摇。……故欲谋开进者,不可不善于接续。"①杜亚泉追求新旧两种事物之间的平衡,即"在保守中求进步"。此处保守并非指墨守成规,一味复古,而是一种新保守主义,意在稳健有序,他说过,"所谓保守者,在不事纷更,而非力求复古也。"②在杜亚泉看来,这种接续主义强调的是一种循序渐进式的政治改革,新旧之间有序衔接的一个自然调和过程。我们可以这样认为,接续主义的背后隐含着宽容的精神——一种多元思想调和的宽容精神,使其能在当时以激进与保守为主的思潮之间成长为一种不同的政治思想。③

减政主义:国家权力与市民社会的调和

在民国初年,政界和思想界对国家和社会的关系问题并未重视,多在政治层面阐发思想,而轻视社会层面。杜亚泉则认识到厘清国家与社会关系的重要性,并提出减政主义的思想主张。他在《减政主义》一文中以实现民主政治为目的,批判"政府万能主义"的官僚政治,力求通过建立有限政府来促进社会自主发展。他指出,"今各国政府,组织繁复之官僚政治,视社会上一切事务,均可包含于政治之内,政府无不可为之,亦无不能为之。政权日重,政费日繁,政治机关之强大,实社会之忧也。"④杜亚泉认为,社会的活力具有伟大的创造力量,一国的兴衰在于一国的社会活力,"一国政府之本分,在保全社会之安宁,维持社会之秩序,养其活力之泉源而勿涸竭之,顺其发展之进路而勿教育实业诸障碍之,即使社会可以自由发展其活力而已"。"国运之进步,非政府强大之谓。……干涉甚则碍社会之发展,担负重则竭

---

① ② 周月峰:《中国近代思想家文库:杜亚泉卷》,中国人民大学出版社2014年版,第180页。
③ 参见姜敏:《杜亚泉的政治调适思想探析》,载《郑州航空工业管理学院学报》(社会科学版)第30卷第3期,2011年6月。
④ 周月峰:《中国近代思想家文库:杜亚泉卷》,中国人民大学出版社2014年版,第34页。

社会之活力，社会衰而政府随之。"①因此，为了保持社会活力，使其具备必要的独立性，政府不应该过多地对社会和个人自由进行干涉。"故欲图社会之进步，计政府之安全，非实行减政主义不可。"杜亚泉减政主义要旨在于改革国家的集权化官僚政治传统，缩减政治范围，厘清国家与社会的范围边界，以促进社会自主发展。杜亚泉深刻地认识到市民社会对于现代化的重要意义，大力主张破除政府万能主义，实行减政主义，改革官僚政治和限制政府权力，以促进市民社会的自主发展。②这种理论，正与我们改革开放后提倡的"小政府，大社会"的内涵相暗合。

中央与地方：集权与分权的调和

"中华民国成立以后之第一大问题，为联邦非联邦问题，即分权制与集权制问题。"③关于中央与地方之间的权力矛盾问题，杜亚泉认为无论是中央集权还是地方分权，都有其利弊。杜亚泉在《集权与分权》一文中写到："所谓集权者，无集权于个人，使得专制于中央而发生帝政。所谓分权者，亦无非分权于个人，使得跋息于地方而形成藩镇。二者皆足以危害国家贻患地方。今日借分权之势力以去集权，即帝政不至发生，而藩镇已隐然成立。"④中央若过于集权，在缺乏制度约束下容易走向独裁，分权虽有利于充分发挥地方自主性，但容易养成地方势力，威胁到中央的统治权。因此，他认为国家政治要稳定发展就必须调和中央和地方权力分配不平衡的状态，"夫集权制与分权制，其利害得失，固非一时所能尽述……大抵内外苟有所偏重，其祸均足以亡国，今后之谋国者，不可不折衷于二者之间，以求调剂之方

---

① 周月峰：《中国近代思想家文库：杜亚泉卷》，中国人民大学出版社2014年版，第34页。
② 参见姜敏：《杜亚泉的政治调适思想探析》，载《郑州航空工业管理学院学报》（社会科学版）第30卷第3期，2011年6月。
③ 周月峰：《中国近代思想家文库：杜亚泉卷》，中国人民大学出版社2014年版，第66页。
④ 周月峰：《中国近代思想家文库：杜亚泉卷》，中国人民大学出版社2014年版，第300页。

法。"①② 杜亚泉对权力分配的思考有很强的理性色彩,展现了他独具远见的政治见解。

杜亚泉的政治调和思想对民国政治现代化问题进行了历史与现实、政治与社会、地方与中央等多维度的思考,具有巨大的思想史价值。他的接续主义以政治文化为着陆点,倡导进步与保守的调和思想;减政主义主张改革国家万能的集权化行政体制,厘清国家与社会的范围边界,以推动市民社会的自主发展;在中央与地方的权力调配方面,提倡集权与分权的调和思想。杜亚泉的政治调和思想具有辩证综合和理性稳健的风格,超然于党派政争恩怨,是民国初年乃至现代思想史上的宝贵思想遗产,对于当代政治的发展也有着启示意义。③

国民教育:培养独立的国民

在时局动荡的清末民初,杜亚泉坚持认为推进社会改革的根本之策在于国民教育。"若其人不能维持自己之生活而依赖他人,则失去自由而为奴隶"④,"欲使个人能尽力于国事,必使个人先尽力于自身"⑤,因此杜亚泉认为国民教育的宗旨就是培养独立的国民。"夫教育云者,非限于学校教育已也,宜兼及于社会教育;且非指高等教育而言也,宜注重于普通教育。务使社会的个人,感受教育的影响,具有相当之常识。"⑥

为了普及教育,杜亚泉做了很多的工作。首先,兴办学校。杜亚泉早年与蔡元培在绍兴办中西学堂,后在上海创办亚泉学馆。1903年,与绍兴文化教育界人士王子余、寿孝天、宗能述等创办越郡公学。在任绍兴七县同乡会议长期间,办了3所小学。1924年,在上海创办了新中华学院。其次,创办杂志。杜亚泉主编了《东方杂志》和《亚泉杂志》(后改名为《普通学报》),力图通

---

① 周月峰:《中国近代思想家文库:杜亚泉卷》,中国人民大学出版社2014年版,第303页。
②③ 参见姜敏:《杜亚泉的政治调适思想探析》,载《郑州航空工业管理学院学报》(社会科学版)第30卷第3期,2011年6月。
④ 杜亚泉:《论依赖外债与误国》,载《东方杂志》,第9卷第1号,1912年7月。
⑤ 高劳:《个人与国家之界说》,载《东方杂志》,第14卷第3号,1917年3月。
⑥ 杜亚泉:《论中国之心理》,载《东方杂志》,第9卷第9号,1913年。

过杂志开阔人民视野。最后,编撰教科书。1904年,杜亚泉进入商务印书馆编译所,进行了长达28年的编译工作,编译、发行了大量科学书籍及语文史地等教科书。

在杜亚泉看来,兴学校、办杂志、编教科书能够更好地将科学文化知识在中国传播开来,而国民教育的根本是道德的重建。他提倡改革传统的家庭伦理观,戒早婚,破除婚姻陋习;形成文明风尚的社会观,崇俭抑奢,男女平等;培育爱国意识,使科学与道德相协调,推行国民教育,改造国民性,推进社会变革。杜亚泉的国民教育思想是晚清以后社会各界进步人士呼吁改造国民性、建立近代教育的表现,实质上是通过改造国民,以国民促进社会变革,进而挽救民族危机。杜亚泉的教育思想顺应了时代潮流,对近代中国的教育改革、社会变革产生了重大影响。

徐锡麟

徐锡麟（公元1873年—1907年），字伯荪，号光汉子，出生于绍兴东浦一个地主家庭。其父徐凤鸣曾经为官，后弃官从商，徐锡麟自幼就受父亲教育，儒学功底深厚。1903年，徐锡麟应同校日文教习平贺深造之约，赴日本参加了劝业博览会。在日本，徐锡麟结交了很多中国的有志之士，也打开了自己的眼界。19世纪末20世纪初，中国在与列强诸国的交战中屡次失败，被强迫签订了许多不平等条约，甚至在八国联军侵华战争中，无数奇珍异宝被侵略者掠夺。在日本，徐锡麟看到了被日本人掠夺的中国文物，又结合中国在多次战阵中的耻辱经历，让其觉得必须改变国家现状。徐锡麟的一些法律思想也是在爱国思想的基础上而萌生，对刺激当时中国的进步起到了一定作用。

反对帝国主义武装侵略,反对清朝封建统治[①]

徐锡麟所处的时代,内忧外患,帝国主义侵略给中华民族带来前所未有的巨大灾难,"当今外患猖狂,日盛一日;俄横于北,其势负隅不可攻也;德肆于东,其兵强劲不可敌也;英法并峙于西南,一据缅甸以窥永昌,一据越南以临蒙自,有挟而求,不可击也;惟区区意图,窥我三门。"[②]1906年,徐锡麟在《出塞》诗中写道:"军歌应唱大刀环,誓灭胡奴出玉关;只解沙场为国死,何须马革裹尸还!"[③]从中可以看出徐锡麟对帝国主义的愤怒。他深刻认识到造成中国被列强瓜分的根源在于清政府的腐败无能和封建专制,"乃自满夷入关,中原涂炭,衣冠扫地,文献无遗。二百余年,偷生姑息,虐政之下,种种难堪,数不可罄。"[④]徐锡麟根据自己对清廷的了解,前瞻性地指出了"清末立宪"是一场骗局。徐锡麟生活在经济发达、信息灵通的绍兴地区,对世界大势也很了解,他深深体会到中国在近代的落后,并由此产生一种使命感,"救亡图存"便成为其思想中最本质的方面。

在内外交困的情形下,徐锡麟萌发了反帝爱国、武装反清、争取民族独立的思想。对外,反对帝国主义的武装侵略和经济渗透,反对洋教势力扩张;对内,反对清朝统治,联络会党,创办大通学堂,反动皖浙起义。徐锡麟作为一系列行动的组织者和指挥者,沉重打击了清王朝的统治,鼓舞了革命者的斗志。

主张行政官员考察淘汰制,设置国家预算决算机制

清朝进入仕途的途径有以下几种:荫袭、保举、科举和捐纳。清末行政制度的腐败、国库的亏虚,卖官鬻爵已经变成了一种公开化和合法化的途

---

① 参见向勇:《徐锡麟思想研究》,湖南师范大学2005年硕士学位论文。
② 绍兴文史资料编委会:《徐锡麟史料》,载《绍兴文史资料》(第4辑),1986年版,第2页。
③ 绍兴文史资料编委会:《徐锡麟史料》,载《绍兴文史资料》(第4辑),1986年版,第38页。
④ 绍兴文史资料编委会:《徐锡麟史料》,载《绍兴文史资料》(第4辑),1986年版,第31页。

径。早在秦汉时期,买卖官爵就已经出现。秦始皇时期有记录,"纳粟一千石拜爵一级";汉承秦制,纳粟拜爵。清朝入关后虽然有停止捐纳的上谕,然而从康熙十三年就开启了捐官的先例。原来只允许捐文官,到了雍正年间就变为了捐武官亦可。根据不同等级,不同的官职有不同的价位。虽然捐官的成员并不能进入吏部等重要部门,但是也影响了整个官场的风气。随着清朝的衰退,通过各种途径进入官员名册的人越来越多,而国家机器的运转实际上并不需要那么多人的支撑。国家正值动乱,许多贪官污吏也变本加厉地开始搜刮,在其位而不履其职。

徐锡麟认为朝中官员冗杂,无能、偷奸耍滑之人甚多,"滥竽充数,剥蚀者多,则糜费巨,而为害甚,非理财之道也,是非汰冗员,裁青吏不可"。官员人数的增长直接导致了国家支出增加。若要实现节流只能先裁减官员,设置淘汰考核制度来提高行政效率,节约国家资源。徐锡麟认为"衙署之胥吏,犹山中之豺狼,路旁之蛇蝎也。蛇蝎尚不夺人之食,而胥吏则百端需索,为害闾间,国家何忍以手足勤劳之食货,而供豺狼蛇蝎无厌之取求也"。① 贪官污吏贻害百姓、索求无度,应该予以惩戒。

在国家财政上,徐锡麟提出若干主张。其中,他主张每年都要有财政预算政策"定预计,立岁表"之政,即"用舒"。"制造机器,所费每数百万,国家有此巨举,所用不敷奈何?曰有权人为出之一法,即后世所谓定预计、立岁表是也。"② 他认为国家每年都有大量的财物支出和收入,所建造的实业不少,但入不敷出,此为建立财政预算制度的必要性。对此,徐锡麟进而解释了相关概念即"预计"和"岁表":"预计者,于未出未入之先而预计国用也,某项之入几何,某项之出几何?统全国之用而合计,必使入多于出而后可,此谋用之要津也。立岁表若何?盖今出入之数,与前出入之数,两两相较,款项之有无增减,为用之有无多寡,利可兴则兴,弊可革则革,此理财之枢纽也。"③ 这和现代的财政预算制度十分接近。"预计"和"岁表"共同构成了国家财政预算和决算的两大基础内容。徐锡麟认为有了"预计"和"岁

---

① 郭丽娜:《徐锡麟传》,北京时代华文书局2016年版,第110页。
② 郭丽娜:《徐锡麟传》,北京时代华文书局2016年版,第111页。
③ 绍兴县政协文史资料工作委员会:《绍兴文史资料 第4辑 徐锡麟史料》,1986年,第6~7页。

表",国家财政才会"如泉源之滚滚,如杨柳之依依,有畅满之气象,无局绮之形容"。①

反对外来宗教思想的控制,主张文化独立

清朝末年,列强强迫清政府签订了若干不平等条约,其中一些条款包括了允许西方传教士来华宣扬基督教等宗教的教义。大量的传教士来中国开办学校,建造教堂,在民众中传播宗教。徐锡麟对此深恶痛绝。

首先,徐锡麟认为传教士在中国的这种行为是荼毒中国人的思想,"知西人之在中国设立教堂,非真重视其教,必欲行其教于中国,不过借行教以祸中国,以为索诈中国之具耳。亦犹杀人之故不在刃,借刃以杀人,药人之故不在毒,借毒以药人也。"其次,传教的本质不是外国对于中国友好的文化交流,而是列强入侵的另一种表现。传教士在中国的土地上不仅传播思想,也到处建造自己的建筑物,传教士在中国易"借地生其端,行其奸也"。徐锡麟在甲午中日战争之后所游中国之地甚多,他看到许多洋教士与中国产生矛盾都是因为其圈占中国土地。中国自甲午中日战争以后,台湾一割,而德占胶州,俄据旅大,英租威海,法踞广湾,半由教中生事,藉以索地居多。即如去年之德居沂州,今年之英割九龙,亦借口护商护教为名,生恐自比以后,大局不堪设想,中国之教案日多一日,中国之土地日少一日,不知十年后成为若何世界者,生可痛苦流涕而长叹息者也。徐锡麟对这种带有侵略性质的宗教传播一直在抗争。②

一些外国人在当时凭借自己特殊的身份,在传教过程中肆意侵犯中国人的权益,甚至还有洋教士利用机会趁机圈占佛寺等宗教建筑物。1903 年,宁波有着百年历史的大善寺差点被法国天主教侵占,徐锡麟为了保护古刹,带病集会抗议,号召群众反对这种无耻行径。

徐锡麟一生先是致力于仕途,在对封建制度失望之后,徐锡麟选择了

---

① 参见向勇:《徐锡麟思想研究》,湖南师范大学 2005 年硕士学位论文。
② 参见向勇:《徐锡麟思想研究》,湖南师范大学 2005 年硕士学位论文。

武装反清以救国于危难，是清末革命的先行者。其在革命过程中提出的一些主张透露出那个时代的特殊背景，如其对洋教在中国传播的态度。徐锡麟并不是反对多元化的宗教并存，而是对在不平等条约下这种思想的强制灌输的不满。徐锡麟看到了国家官员管理制度的腐朽和财政制度的弊病，以此在自己深度思考的基础上提出了解决之策。

秋瑾

秋瑾（公元1875年—1907年），自号"鉴湖女侠"，笔名秋千，浙江山阴（今浙江绍兴）人，中国女权和女学思想的倡导者，近代民主革命志士，为推翻满清政权和封建统治作出了巨大贡献。秋瑾提倡女权女学，为妇女解放运动的发展起到了巨大的推动作用。1907年7月15日凌晨，秋瑾从容就义于绍兴轩亭口，年仅32岁。秋瑾一生力求维护妇女的人权，争取妇女的彻底解放。她倡导妇女享有人身自由权，婚姻自主，主张男女地位平等、女子有受教育以及参与革命的权利。① 在动荡不安的时代里，秋瑾为救广大人民于水火之中，抛头颅，洒热血，是中国近代史上伟大的女英雄。②

在我国漫长的封建和半殖民地半封建的男权社会，妇女一直受到政权、族权、夫权和神权的严重束缚和极不公平的待遇。随着20世纪初民族革命和民主革命浪潮的日益高涨，作为典型的弱势群体，中国女性受到前所未有的鼓舞，她们冲破封建专制和封建礼教的罗网，探

---

① 欧阳云梓：《秋瑾的妇女人权思想述略》，载《江西社会科学》2008年第9期。
② 郑玲云、李斐斐：《秋瑾女性自强思想探究》，载《文化创新比较研究》2017年第31期。

寻生命的价值和意义，追求自由、平等以及各项人权。① 秋瑾出生于封建官僚之家，后嫁给与曾国藩有亲戚关系的湘潭王家，本可以过着富裕稳定的世俗生活，但她不甘于受压制、受奴役的命运，毅然脱离封建家庭，争取走上妇女解放的道路。在秋瑾短暂的一生中，她以特有的豪迈性格和敢于挑战的精神冲破了封建家庭的束缚，与封建礼教作不屈的斗争。

反对缠足，提倡妇女享有人身自由权

秋瑾猛烈地抨击了封建缠足陋习，呼吁妇女挣脱封建枷锁，走出闺门，争取人身自由权。她指出，女子缠足是从生理上对女性进行摧残的开端，她说："缠足由来最可羞，戕残自体作莲钩。骨断筋缩多痛苦，行走何能得自由。"② 缠足限定了女子的活动范围，剥夺了女子参与社会生活的自由。妇女只有放脚才能获得自由，她认为："争如放脚多爽快？行道路，艰难从不皱眉头，身体运动多强壮，不似从前娇又柔，诸般事业皆堪做，出外无须把男子求。"③ 人身自由是妇女参与社会生活的基础，而妇女的人身自由受到缠足的限制。因此，秋瑾坚决主张废除缠足陋习，竭力倡导妇女挣脱封建枷锁束缚，获得人身自由权。秋瑾敢于反抗传统习俗，打破以"三寸金莲"为美的封建旧社会审美标准，理直气壮地面对传统恶俗和习惯势力，强烈号召女性挣脱身上的枷锁，追求身体的自由和解放。④

反对包办婚姻，倡导婚姻自主

秋瑾对封建包办婚姻也深恶痛绝。在封建社会，子女几乎没有选择婚姻

---

① 欧阳云梓：《秋瑾的妇女人权思想述略》，载《江西社会科学》2008年第9期。
②③ （清）秋瑾著，中华书局上海编辑所编：《秋瑾集》，中华书局1960年版，第158页。
④ 郑玲云、李斐斐：《秋瑾女性自强思想探究》，载《文化创新比较研究》2017年第31期。

自由的权利，向来是"父母之命，媒妁之言"。秋瑾在《敬告中国二万万女同胞》中写道："到了择亲的时光，只凭着两个不要脸媒人的话，只要男家有钱有势，不问身家清白、男人的性情好坏、学问高低，就不知不觉应了。"①秋瑾本人就遭受了包办婚姻陋习的荼毒，嫁给与其生活背景、性格完全迥异的王子芳为妻，导致婚姻生活备受煎熬，异常痛苦。因此她极度反对包办婚姻，倡导婚姻自主，她认为，自主婚姻有二利，即"一来是品行学问心皆知晓，二来是情性志愿尽知闻，爱情深切方为偶，不比那一面无亲陌路人。平日间相亲相爱多尊重，自然是宜家宜室两嗔。"②因此，秋瑾极力主张妇女有婚姻自主权，有自愿缔结或解除婚姻关系而不受他人干涉的自由，既有结婚的自由，又有离婚的自由。③

主张男女平等

中国妇女的地位在封建专制统治制度下是极其卑微的，其正当权利遭到野蛮的践踏和蹂躏。秋瑾揭露了妇女的无权地位，政治上，妇女没有发言权，任凭摆布；经济上，妇女也无财产分配权。秋瑾以"天赋人权"思想作为武器，倡导男女平等。她指出，"近日得观欧美国，许多书说自由权，并言男女皆平等，天赋无偏利与权。"④在西方国家，"凡茶楼酒馆，如男子先坐，见女子须起立致敬。如坐车人满了，见女子入来，必须起身让坐。女子则不然。彼国之女子何等尊贵？因人人能独立。不倚靠男子，一也。凡事皆能拼命去做，所以女英雄甚多，使人生敬畏之心，二也。家庭教育非母不可，诞育国民非女不可，故文明国的男子皆明男女关系，又利权均一，三也。"⑤因此，秋瑾主张男女应享有平等的权利，公民应不分性别地在政治、经济和社会等一切领域内依法享有同等的权利，不因任何外在或内在差别而予以区别对待。⑥

---

① （清）秋瑾：《秋瑾集》，上海古籍出版社 1991 年版，第 5 页。
②⑤ （清）秋瑾：《秋瑾集》，上海古籍出版社 1979 年版，第 160 页。
③⑥ 欧阳云梓：《秋瑾的妇女人权思想述略》，载《江西社会科学》2008 年第 9 期。
④ （清）秋瑾著，中华书局上海编辑所编：《秋瑾集》，中华书局 1960 年版，第 155 页。

主张女性有受教育以及参与革命的权利

受中国传统封建思想的影响，女性从小就被剥夺受教育权。秋瑾极力反对该现象，并强调女性接受教育的重要性，她责问，"若云女子无才好，为什么今古曾传曹大姑？古来才女多多少，未见当年不羡渠。况是女为贤内助，岂宜不识一个乎？"[①]秋瑾通过对比西方对待女性受教育的态度，欧美"强国强种全靠女，家庭教育尽娘传。女子并且能自立，人人盛唱女之权。女英女杰知多少，男子犹且不及焉。学校皆同男子等，各般科学尽完全"[②]，进一步指出女性应享有受教育的权利，通过学习来发展其个性、才智和身心能力，以获得平等的生存和发展机会。

20世纪初国家处于社会大变革时代，民族革命和民主革命运动空前高涨，秋瑾倡导女性应有参与革命的权利，她号召"男和女同心协力方为美，四万万男女无分彼此焉。唤醒痴聋光睡国，和衷共济勿畏难。锦绣江山须整顿，休使那胡尘腥臊满中原。"[③]面对国破家亡迫在眉睫的危机，秋瑾指出男女都有参加革命的权利和义务。只要男女同心协力，共同战斗，就一定能推翻清朝政府的封建专制统治，从而建立一个全新的资产阶级民主共和国。

---

① （清）秋瑾著，中华书局上海编辑所编：《秋瑾集》，中华书局1960年版，第135页。
② （清）秋瑾著，中华书局上海编辑所编：《秋瑾集》，中华书局1960年版，第155页。
③ （清）秋瑾著，中华书局上海编辑所编：《秋瑾集》，中华书局1960年版，第130~131页。

陶成章

陶成章（公元1878年—1912年），字焕卿，号陶耳山人，汉族，浙江绍兴人，民主革命家。光复会创始人之一，以反清复汉为己任，曾先后两次赴京刺杀慈禧太后均未果，后去日本学习陆军。回国后，凭借所学，积极参与革命活动，奔走于浙、闽、皖各地联络革命志士。陶成章渴望中国独立和民族自主，坚定地主张反清、反帝革命；批判反动统治者自立自救的"立宪"，主张民主共和；反对地主阶级，提倡土地共有。

提倡"反满反帝"的民族主义思想

陶成章处于清政府内外交困时期，当时的朝廷已沦为"洋人的朝廷"，对内专制，对外投降。面对危亡的国势及列强的侵略刺激，陶成章在固有文化和浙东学派传统的基础上，形成了自己的民族主义思想：对内，反对满洲贵族统治；对外，反对帝国主义对中国的侵略。在陶成章所著的《中国民族权力消长史》一书中，可以看出他的反满思想。一方面，他对汉族伟大光荣历史大加褒扬，称"中国者，中国人之中国也。孰为中国人？汉人种（族）是也。"① 另一方面对满族极尽贬低之能事，称"此族于近世时闯入中原，破坏文化，为东洋历史上文明之公敌，于我汉族则为不共戴天之大仇雠。"② 陶成章的民族主义思想除了反满内容外，还有反帝内容。他加入了"亚洲和亲会"，该会约章明确指出："本会宗旨，在反抗帝国主义，期使亚洲已失主权之民族，各得独立。"③ 陶成章的民族主义思想是革命排满思想与反帝爱国思想共同组成的，在他看来，排满是主要目标，而外国侵略造成的祸患，很大程度上是由于清政府的无能造成的。④ 在民族主义思想的指导下，陶成章身体力行，创建光复会，主张运用史学著作宣传民族主义，借用孔孟理论宣传资产阶级的自由、平等思想，保持与同盟会的合作，致力于革命的宣传与实践。正如毛泽东所说："中国人所以要革清朝的命，是因为清朝是帝国主义的走狗。"⑤ 反帝爱国思想则是推动了排满思想。因清政府腐败已极，导致列强侵迫日甚一日，排满革命势在必行。陶成章的革命排满思想不失为排满革命的一面旗帜，而他"抱民族爱国主义，其热如火"的反帝爱国思想更有其时代意义。⑥

主张"民主共和"的民权思想

陶成章坚定反对由清王朝主持的"立宪"。他指出，清王朝的立宪"实在是把权柄集在皇帝同几个大官身上，却好借着'宪法'二字，用出种种的苛法来压制我们"⑦。他反对清政府的虚假立宪，称"满人讲立宪，不过以之

---

① 陶成章著，汤志钧编：《陶成章集》，中华书局1986年版，第211页。
② 陶成章著，汤志钧编：《陶成章集》，中华书局1986年版，第217页。
③ 章太炎：《章太炎选集》（注释本），朱维铮、姜义华等编注，上海人民出版社1981年版，第427页。
④⑥ 参见张林：《略伦陶成章的民族主义思想》，载《北京科技大学学报》（社会科学版）第16卷第4期，2020年12月。
⑤ 《毛泽东选集》（第4卷），人民出版社1991年版，第1450页。
⑦ 陶成章著，汤志钧编：《陶成章集》，中华书局1986年版，第133页。

骗汉人，欲开国会，亦将为敛财计"①。陶成章首先从"立宪"制度本身的缺陷指明其不能解决中国的根本问题，揭露清廷不过是借"立宪"之名以营私，告诫人们不要被欺骗利用。其次，从人才和道德的角度分析清王朝的"假立宪"之所以能造成声势和蛊惑人心，是由于"人才消乏，廉耻道丧"，"民族精魂，瞠目未晓，闻立宪之伪诏，则感激涕零，奔走愿效死力，甘为驯奴，恬不知耻者。"②陶成章认识到满清政府中央集权而人民无权的现实，故而他指出要以资产阶级共和国来代替满洲贵族的独裁专制。③其民权思想主要体现在《龙华会章程》中的《檄文》，其中写道："怎样叫做革命？革命就是造反。"同时列举了刘邦、朱元璋等中国历史上平民皇帝的例子来彰显人生而平等的资产阶级民权思想。同时，陶成章在《浙案纪略》出版时曾说："革命党是'以推倒清政府，建立共和为目的'的"。他强烈盼望建立一个由大家"公举"的政权，"暂时设立一总统，由大家公举，或五年一任，或八年一任，年限虽不定，然而必不能传子传孙呢！或者竟用市民政体，或者竟定为无政府，不设总统，也未可知。然而必须看那时候我国国民程度了"。从而建立一种理想的社会，"到那时候，土地没有，也没有大财主，也没有苦百姓……于是乎可以太太平平"④。陶成章的民权思想已然超出了一般意义上的资产阶级共和国理想，甚至包含有空想社会主义思想，但该思想对吸引更广大民众的参加排满革命是有其现实功效的。⑤

倡导"土地共有"的民生思想

面对与人民利益密切相关的土地问题，陶成章抨击了土地归地主阶级所有的封建制度，倡导"土地公有"的民生思想。他指出，"把田地改作大家公有财产，也不准富豪们霸占，使得我们四万万同胞，并四万万同胞的子孙，

---

① 陶成章著，汤志钧编：《陶成章集》，中华书局1986年版，第124页。
② 陶成章著，汤志钧编：《陶成章集》，中华书局1986年版，第75页。
③⑤ 张林：《略论陶成章的民族主义思想》，载《北京科技大学学报》（社会科学版）第16卷第4期，2000年12月。
④ 陶成章著，汤志钧编：《陶成章集》，中华书局1986年版，第133页。

不生出贫富的阶级,大家安安稳稳享福有饭吃呢。"①他希望建立的社会"没有大财主,也没有苦百姓,税也轻了,厘捐关税也都废了,兵也少了。从此大家有饭吃了,不愁冷了,于是乎可以太太平平,永远不用造反革命了,这才是我中华民国的万岁。"②陶成章理想中的社会是政治制度上不要专制君主,经济生活中不让富豪操纵民生,甚至从根本上消除贫富对立。对社会下层群众,他用最通俗易懂的语言表达了对民主制度和公正社会的憧憬。由此可见,陶成章的民生思想反映了广大平民要求打倒封建地主阶级、要求经济上平等的愿望,特别是农民要求得到土地的愿望。孙中山评价陶成章的这种民生思想"至为高超纯洁,有类于乌托邦,但可望而不可即,颇似世上说部所谈之神仙世界"③。但不可否认的是,陶成章的该种民生主张很大程度上代表了下层群众的利益,具有反封建的进步意义。

---

① 陶成章著,汤志钧编:《陶成章集》,中华书局1986年版,第135页。
② 陶成章著,汤志钧编:《陶成章集》,中华书局1986年版,第133页。
③ 《孙中山全集》(第1卷),中华书局1981年版,第586页。

鲁迅

鲁迅（公元1881年—1936年），原名周樟寿，后改名周树人，浙江绍兴人，著名文学家、思想家、民主战士，"五四"新文化运动的重要参与者，中国现代文学的奠基人。毛泽东曾如此评价鲁迅："鲁迅的方向，就是中华民族新文化的方向。"鲁迅是一位杰出的文学家、思想家，他的思想触角几乎遍及社会生活的各个方面。广义上来讲，鲁迅也可以被看作是法学家，他的法律思想蕴含在其政治思想之中，凝聚着对几千年来中国法律传统及法律文化的沉思。

鲁迅法治思想的启蒙

鲁迅生于浙江绍兴的大户家庭，从小家境较好，祖父曾考中进士，在京城做官，父亲也曾考中秀才，幼年的鲁迅从小受到较好的教育熏陶。但在鲁迅13岁时，其祖父因贿赂乡试主考官被捕入狱，从此家道中落。1898年春，鲁迅离开家乡，考入了南京江南水师学堂，后又入江南陆师学堂附设的矿务铁路学堂学习。在学堂学习期间，鲁迅广泛接触了西方自然科学和社会科学，并深受维新思潮和进化论学说的影响，初步形成了其"将来必胜于过去，青年必胜于老人"的社会发展观思想。

1902年，鲁迅以优异的成绩毕业，并被官派赴日留学。他先入东京弘文学院学习日语，后入仙台医学专门学校学医。因深受资产阶级民主革命浪潮的影响，鲁迅在日留学期间，积极投身于反清反帝革命的洪流之中，课余时间"赴会馆，跑书店，往集会，听讲演"，立下了"我以我血荐轩辕"的誓言。1906年，鲁迅认识到了现实的严酷性，发现习医只能救治病人，无法改变大局，毅然弃医从文，迈出了人生道路上最具决定意义的一步，以笔作为自己救国救民的武器。他参与筹办文艺杂志《新生》，撰写了《人之历史》《科学史教篇》《文化偏至论》《摩罗诗力说》等重要论文。

十月革命的胜利，深深触动了鲁迅，遂与李大钊、陈独秀等许多先进知识分子一起，写文章，办杂志，揭开了中国"五四运动"的序幕。他站在反帝反封建的前列，积极提倡新文化、新思想、新道德，猛烈抨击几千年来的旧文化、旧思想、旧道德。1926年，鲁迅离开北京，南下厦门，担任厦门大学中国文学系教授兼国学院教授。1927年，鲁迅又转赴当时的革命中心广州，担任中山大学中文系主任兼教务主任，一边从事教育和文学创作，一边投入新的战斗。同年，反革命政变发生，鲁迅经受了腥风血雨的考验，因营救学生无果，愤而辞职。在血的教训面前，鲁迅早年形成的社会发展观发生了深刻的变化，他纠正了过去只信进化论的偏执，而将自己的思想转变进入了一个新的领域，即法治领域。①

否定封建礼治秩序，倡导自然法思想

封建礼治秩序是中华法系的根基，中国古代文学和近代文学对该秩序几乎毫无例外地采取了肯定的态度。鲁迅是中国文学史上第一个彻底否定维持了几千年的封建礼治秩序的人，②他通过文学作品对自周朝开始至清末的几千年的礼治秩序进行了彻底的否定。他指出，维持中国社会秩序的礼治文化是

---

① 郑金平：《鲁迅语文教育思想研究》，扬州大学2008年硕士学位论文。
② 余宗其：《中国文学与中国法律》，中国政法大学出版社2002年版，第217页。

一种"吃人"的礼教。鲁迅在《狂人日记》中点明了"意在暴露家族制度和礼教的弊害"这一思想主题。他揭示了礼治秩序的根本特征是用"仁义道德"的面纱掩盖"吃人"的罪恶本质。鲁迅以长期对半殖民地半封建地的旧中国进行的深刻观察,得出了"封建礼教吃人"的结论。在其随后所著的《灯下漫笔》中,鲁迅对礼治秩序的"吃人"本质作了进一步论述。他指出:"所谓中国的文明者,其实不过是安排给阔人享用的人肉的筵宴。所谓中国者,其实不过是安排这人肉的筵宴的厨房","大小无数的人肉的筵宴,即从有文明以来一直排到现在,人们就在这会场中吃人,被吃。"[1] 鲁迅"以人民地位为角度",指出"吃人"问题的实质是封建社会礼刑并用的法律制度所造成的社会全方位的不平等现象。在鲁迅看来,中国历史几千年来的"吃人"问题,其实质即人压迫人、人剥削人的现象。而针对封建礼治秩序的弊病,鲁迅提出了自己的法制立场,即自然法思想。[2] 他在《文化偏至论》中,表达了他对于自由、平等的殷切期盼,他一再赞扬法国大革命时期社会的民主、自由、平等之风,大力倡导自然法精神和自然法思想。

革命民主主义思想

鲁迅既熟悉古今中外的历史经验,深受 19 世纪科学与民主思想的影响,投身于当时的民主革命运动中,所以他的爱国主义思想具有鲜明的时代色彩。他既不赞同那些希望革命后恢复"峨冠博带""汉官威仪"的复古主义者,也反对那些志在"虚君共和""君主立宪"的改良主义者。鲁迅参加民主革命运动,乃是希望建立一个独立、民主、自由、进步的新国家。

鲁迅的革命民主思想体现在以下三点。一是表现在彻底破坏封建制度和力抗时俗上。鲁迅认为,正是由于封建制度,使得中国人民陷于困苦的境地。为了把中国从落后贫困中拯救出来,首先就要粉碎造成中国社会落后的基石——封建制度,所以他力主反抗和破坏。鲁迅的第一篇白话小说《狂人

---

[1] 鲁迅:《鲁迅全集》(第 1 卷),人民文学出版社 1958 年版,第 315~316 页。
[2] 宋寒亮:《鲁迅法律思想初探》,载《南华大学学报(社会科学版)》2012 年第 1 期。

日记》就是一篇反封建礼教的宣言书。在小说中鲁迅有力地揭露了封建礼教的吃人本质。二是表现在反对保守、提倡文明进步的新思想上。他在《〈越铎〉出世辞》一文中写道:"爱立斯报,就商同胞,举文宣意,希冀治化。纾自由之言议,尽个人之天权,促共和之进行,尺政治之得失,发社会之蒙复,振勇毅之精神。灌输真知,扬表方物,凡有知是,贡其颛愚,力小愿宏,企于改进。"三是表现在提倡解放思想,发展人的个性方面。鲁迅认为要使文明进步的新思想在中国生根,关键还在于人民精神的觉醒。如果人民没有从封建思想的束缚里解放出来,仍处于蒙昧状态,那么一切革新,将是空谈。因此,他主张"立人""人立而后凡事举"。

主张"立人"、建立"人国"的思想

几千年来"中国人向来就没有争到过'人'的价格"①,纵观中国古代法制史,的确可以发现"人"从法律中完全消失了。鲁迅则看到了中国人从来不把自己当人看待,中国古代法律也从未把人当人看待的社会现实,因而从自然法的理念出发,他提出了自己的法治思想——即主张"立人"、建立"人国"。②鲁迅把"立人"思想的基点放在"立心"上,强调"本心"的主观作用,强调道德、思想、观念等对"人"的塑造上的巨大功用性,强调内心的建设及健全人格的构建。鲁迅在作品中是将人置于各种关系中思考的,以构建"立人"思想体系。③鲁迅在《文化偏至论》中就认识到:"欧美之强,莫不以是炫天下者,则根抵在人。……是故将生存两间,角逐列国是务,其首在立人,人立而后凡事举;若其道术,乃必尊个性而张精神。"在鲁迅看来,西方虽物质繁荣,但其实只是社会的表象,其深层的根基则在"人",即人的素质。中国要走向富强,其根本途径就在于提高国民的素质,即"立人",而"立人"的重要方面是尊重人的个性和独立精神,所以,"国人之自觉至,个性张,沙聚之邦,由是转为人国。人国既建,乃始雄厉无前,屹然独见于天

---

① 鲁迅:《鲁迅全集》(第1卷),人民文学出版社1958年版,第311页。
② 宋寒亮:《鲁讯法律思想初探》,载《南华大学学报(社会科学版)》2012年第1期。
③ 胡辉杰、黄蓉:《从宋明理学看鲁迅的立人思想》,载《湖北社会科学》2005年第3期。

下,更何有于肤浅凡庸之事物哉?"①所谓的"人国",指的是实行大多数的人民当家作主的民主制度国家,是把人当作人的国家,或者说是"立人"主张所指向、所引导的是建立一个与之相适应的国家。②鲁迅的"立人"思想体系,是一个以"人"为核心的体系,人在各种关系中获得新的性格。他坚信中国法制的建设通过"立人",而后能"立民族"。

深刻揭露反动刑法,批判执法当局的腐朽性

鲁迅生于清末民初,这是中国近现代史上新旧交替的特殊年代,是社会动荡不安、法制混乱的时代。中国传统法制已走下神坛,而西方法制内容被大量引进,对中国传统法律文化造成了猛烈的冲击,法律秩序日异月殊,刑法和刑罚运用混乱,这无不促使鲁迅坚持对其时代法律的一贯反对和批判的立场。鲁迅将批判的锋芒指向了当时刑法制度的反动性和执法当局的腐朽性。这一点,可以在鲁迅所著的文学作品中得到验证。如鲁迅笔下所描述的"阿Q案"充分反映了辛亥革命后刑事执法的混乱和执法者的胡作非为。无能的执法当局为顾及脸面,罚不当罪,把阿Q当作抢劫犯处以死刑,造成冤案的产生。此外,在《伪自由书》中,鲁迅对中国传统法律文化糟粕存在的"有法不依、法外用刑"的现象进行了猛烈抨击,用大量的笔墨揭露旧中国狱政的黑暗与虚伪。③鲁迅所处时代的法律"虐杀人民",没有反映社会前进的客观需求,不符合社会发展的客观规律,不保护反而处处侵害人民的基本权利。法律平等沦为妄想,法律的实施效力也子虚乌有,横行于世的只有狱吏及统治阶级的肆意妄为。④

---

① 高玉:《"个人"与"国家"的整合——论中国现代文学"自由"话语的理论建构》,载《厦门大学学报(哲学社会科学版)》2004年第6期。
②③ 宋寒亮:《鲁讯法律思想初探》,载《南华大学学报(社会科学版)》2012年第1期。
④ 倪正茂:《鲁迅批判中国法律文化传统的启示》,载《同济大学学报(社会科学版)》2009年第3期。

提倡新式儿童教育思想

儿童教育思想在鲁迅的思想体系中占据着重要的地位。《二十四孝图》《从百草园到三味书屋》等文章都表现了鲁迅对旧中国及封建旧教育的批判，抨击了封建旧教育对儿童的侵害。[①]鲁迅所处的时代是封建主义崩溃和资本主义初步发展时期，政局动荡、经济萧条、文化冲击。在这样的环境下，鲁迅的一系列文章中都带有他对封建礼教的批判，对旧中国封建教育制度的批判。例如，《孔乙己》最直观表现了封建制度下知识分子的悲惨人生。《十四年的"读经"》则批判了"读经""尊孔复古"的虚伪。在这种时代背景下，儿童教育更是难以得到健康发展。鲁迅的儿童教育思想主要表现在家庭教育、学校教育和社会教育三方面。

首先，鲁迅关于家庭教育方面的思想主要变现在《我们现在怎样做父亲》一文中。中国封建社会家庭教育的状态是"中国的孩子，只要生，不管他好不好，只要多，不管他才不才。生他的人，不负教他的责任"。[②]可见，在旧社会，家庭教育是不受重视的。而鲁迅对家庭教育的理念最直观地体现在他对儿子周海婴的教育上。对于周海婴的教育，他秉着理解、指导和解放的理念，坚持自己做好表率的同时，教育儿童要"敢说、敢笑、敢哭、敢怒、敢骂、敢打"[③]，培养其爱劳动、独立思考的习惯。

其次，在传统中国，学校教育是加官晋爵的手段，以八股文等为教授内容的教育模式严重禁锢了知识分子的思想。在旧中国的私塾教育中，学生对于儒家经典的掌握重在单纯记忆，而无须理解。对于不听话的学生，还有罚跪、戒尺等惩罚手段。近代以来，随着新式学堂的建立，知识分子留洋回国，一定程度上改变了传统的私塾教育模式。鲁迅所提倡的教育方式，是"用活动电影来教学生"[④]，即用灵活多样的教学方法进行启发式教学。

---

① 周泉：《鲁迅儿童教育思想探讨》，西南师范大学2004年硕士学位论文。
② 鲁迅：《鲁迅全集》（第1卷），人民文学出版社1958年版，第375页。
③ 鲁迅：《鲁迅全集》（第2卷），人民文学出版社1958年版，第34页。
④ 鲁迅：《鲁迅全集》（第4卷），人民文学出版社1958年版，第339页。

最后，鲁迅强调只有社会教育发展，才能促进教育的发展。他认为"今之所急，唯在能造成人民为国柱石；即小学及通俗之教育也"①。鲁迅翻译了《爱罗先珂童话集》《桃色的云》《小约翰》等书籍和文章，共计40多万字，以充实儿童读物。同时鲁迅还强调儿童要有玩具，他在《风筝》中写道："游戏是儿童最正当的行为，玩具是儿童的天使。"②鲁迅对儿童教育的思想，深刻表达了他对旧中国教育制度的批判。对儿童教育的关注，是鲁迅思想中的重要部分。③

---

① 鲁迅：《维持小学意见书》，载《越铎日报》1912年1月19日。
② 鲁迅：《鲁迅全集》（第2卷），人民文学出版社1958年版，第175页。
③ 刘兵：《论鲁迅作品中的教育思想》，华中师范大学2014年硕士学位论文。

邵力子

邵力子（公元1882年—1967年），浙江绍兴人。1901年就读于南洋公学特班。1906年10月留学日本，加入同盟会。1925年5月起，历任黄埔军校秘书长、政治部主任。1926年7月，任国民革命军总司令部秘书长，为国共两党合作的北伐战争做了大量的政治、组织工作。1936年12月"西安事变"时一度遭拘禁，后参与中共谈判，极力促成"西安事变"和平解决。1937年2月，任国民党中央宣传部长，其间做了大量促进国共第二次合作的基础工作。1940年5月，出任驻苏大使。1945年，作为国民党代表参加国共和平谈判，对《双十协定》的签订起了促进作用。1949年4月，赴北平和谈失败后，毅然宣布脱离国民党。9月起，被选为全国政协委员；任政务院政务委员，并出席了开国大典。曾任全国人民代表大会常委委员、中国人民政治协商会议常务委员会委员等职。

主张民众政治，支持合法国会

自1919年辛亥革命以来，中国的知识分子一直在探寻属于自己国家的民主政治。在新文化运动、五四运动的大背景下，一批先进的知识分子走上了寻求民主政治的新出路。邵力子作为这一背景下的先进知识分子，提出了一系列民主政治思想。首先，批判议会政治。1917年段祺瑞政府宣布成立新国会。以段祺瑞为首的安福俱乐部通过贿买选票，操纵国会议员选举，以达到控制国会，为其所用的目的。1918年，邵力子发表《选举痛言》，严厉斥责安福俱乐部的非法选举。他感慨："我只感想到民权没有真正发达的国家，什么选举，都是可由政府操纵的；代表民意，只不过是一个幌子。"表达了他对议会政治的失望。其次，鼓吹民主政治。1920年，邵力子发表的《民国九年以后的上海》中指出，要铲除民国九年以后上海的一切黑暗势力，必须有一个总主义，这个主义"就是平民主义，就是德谟克拉西。无论在教育上、商业上、工业上、政治上，和社会各方面，都用平民主义来改造它。"①《南北统一了》一文中，邵力子更是指出："我们希望世界大同，决不主张一国分裂，但要统一在真正的平民政治之下，决不统一在卖国的军阀政治之下。"②这些都深刻体现了他的平民政治思想。③

主张妇女解放，男女平等，批判对女性的歧视

在我国几千年的历史发展中，妇女一直都没有独立的人格。封建时代下，无论是从社会地位还是家庭地位来看，女性的地位都不能由自己决定。古代以温顺、恭谨作为判断女性是否合格的标准，在闺阁中的女子尤以《女德》《女训》作为自己学习的范本，因而，女子依附于男子，女子在家从夫、出嫁从夫的思想也一直延续下来。

经过清末洋务运动、新文化运动以及五四运动，西方男女平等的思想在中国得到传播及发展。西方的传教士在中国开办了大量的教会学校，由于宗教和学校加快了文化传播的步伐，中国古老的封建男女思想禁锢开始被一步步打破。辛亥革命领导人孙中山曾把男女平等作为"民权"主义的一部分加

---

① 邵力子：《民国九年以后的上海》，载《邵力子文集（上册）》，中华书局1985年版，第178页。
② 邵力子：《南北统一了》，载《邵力子文集（上册）》，中华书局1983年版，第381页。
③ 张坤：《五四时期邵力子思想研究》，华东师范大学2016年硕士学位论文。

五、清末民国时期

以倡导,革命烈士秋瑾也曾主导过妇女运动,这些都为妇女争得自己应有的权益打下了基础。但是几千年的旧思想难以短时间彻底清除,女权思想的发展也缺少相应的社会基础,女子在清末民国时期仍旧处于弱势地位。

邵力子基于社会现状,决心要改善女子被压迫的处境。首先,他认为女子的人权问题是解决妇女问题的关键。当时社会混乱,虽然南京临时政府颁布了新的法令,禁止人口买卖和蓄婢,但是由于缺乏实施法令的"利爪",这些法令几乎成为一纸空文。对于社会中默认女子可以买卖的旧思想,邵力子疾呼:"女子也是个人,为何排除在国民之外?"[①] 邵力子认为,凡是人都有其人格,法律上写明"人民一律平等",妇女为人,当然拥有和他人一样的人格,因此社会应当都尊重女子的人格。而尊重人格的第一步,就是要废除买卖妇女的旧例。

其次,邵力子主张废除娼妓制度,批判中国惯于侮辱女性的恶习。自古以来,男子依靠法律上的关系控制着原本可以独立的女性,女子在家庭和社会中都受到压迫。女性不仅精神上受欺凌,身体也常被侵犯。我国娼妓制度由来已久,自齐国管仲开设"女闾"以后,无代无之。从妓女角度看,有相当一部分妓女从事该行业都不是自愿。妓女生活在社会的阴暗面,难以光明正大地去过普通人的生活,忍受着别人体会不到的痛苦,而她们主要是被亲属或者是专门的人贩子卖入妓院。邵力子认为要从根源上废除娼妓制度,就要消除这种亲权过重的思想,提高妇女地位。

最后,邵力子认为婚姻自由是妇女解放的一个重要内容。邵力子痛批封建婚姻制度,认为这种强制包办的婚姻只会给人带来痛苦,男女都是如此。对女子而言,婚姻是一张网,一旦进入就难以逃脱。因此邵力子支持男女自由恋爱和离婚,并且因为封建时代的女子很少能有开放的思想和足够的学识,所以邵力子主张男子在和女子退婚和离婚后可以选择送女子去学校学习,从而帮助女子自立。他痛斥封建礼教中"寡妇不能再嫁"的说法,认为这是妇女意志的枷锁,是阻碍进步的挡路石。

---

① 傅学文:《邵力子文集》,中华书局1985年版,第548页。

革新教育制度,主张义务教育

青年学生在五四运动中的表现,引起了社会各界对近代教育的极大关注。邵力子主张学生是拯救国家的希望,在《民国日报》中由他主编的副刊《觉悟》上耐心地回答广大学生提出的问题,被学生们称之为"青年导师"。

第一,邵力子主张革新教育制度。五四运动之后,各种新思想纷纷涌现,社会各界人士、学生提出了革新教育制度的诉求。对此,邵力子表达了自己的看法。一方面,他认为应坚持教育独立。自鸦片战争以来,帝国主义国家在中国创办了许多学校,这些学校对推动中国近代教育的发展起到了一定的积极作用。然而帝国主义国家创办学校的目的是以学校作为媒介进行文化侵略。因此,建立本国独立的教育体系是政府的当务之急。而邵力子所处的军阀混战时期,各军阀压制思想自由,垄断教育,同时将教育经费随意地贪污、挪用,严重制约了教育的发展。由此邵力子提出了"学术独立,思想自由"[1]以及教育经费要独立的思想。另外,针对当时教育界一些人士提出的"学校就如商店,学生无异顾客,倘嫌物价昂贵,不妨另购别货"[2]的论断,邵力子进行了激烈的批判。教育独立思想是邵力子教育思想中的重要部分,"要维持新文化,也不能不谋合地方的教育独立。"[3]这些思想在当时有很大的进步性。

另一方面,他认为应提倡"活的、动的教育"。中国传统教育体制所追求的是"两耳不闻窗外事,一心只读圣贤书",邵力子认为这是一种"死的教育"。由此,他提出,教育要与社会实践相结合,要与爱国相结合。在教学中,邵力子会在课前将讲义发给学生,课上则在讲义的基础上补充"活"的教学内容,引导学生研究社会实际问题。同时对学生灌输革命思想,播种革

---

[1] 朱顺佐:《邵力子传》,花山文艺出版社1997年版,第33页。
[2] 傅学文:《邵力子文集》,中华书局1985年版,第701页。
[3] 傅学文:《邵力子文集》,中华书局1985年版,第252页。

命种子，鼓励学生投身于反帝反封建的革命洪流中去。① 在邵力子教育思想的指导下，上海大学将学以致用思想与革命救国思想贯穿到教学中，培养了一批先进的革命知识分子。在后来的五卅运动中，上海大学成为这场反帝反封建运动的重要阵地。

第二，邵力子提倡义务教育。邵力子认为教育不平等的根源在于贫富差距的悬殊，因此他主张要多办义务学校。他在《办义务学校》一文中指出，创办义务学校的目的是恢复人们被剥夺的识字读书的权利。他强调要"把少数人的教育，扩充为全体的教育，把贵族式的教育改变为平民的教育"。② 同时在学校教学方面，邵力子认为学校既要重视生活技能的培训，还要注重思想的革新，尤其要注意演讲和培训。

邵力子在长期从事教育的实践中，形成了内容丰富，具有革命性、进步性的教育思想，在当时的社会制度下具有积极进步作用。同时其思想，对于今天推动我国教育制度的发展和完善，建设中国特色社会主义教育体系仍具有一定意义。

关注劳工问题

早在第一次世界大战期间，邵力子就开始关注劳工问题。五四运动以后，随着工人运动的进一步发展，邵力子对劳工问题有了进一步地了解。1920年，邵力子在《我对于劳动问题的意见》一文中指出，第一次世界大战结束后，劳工问题是全世界人类最先要解决的问题，是全世界共同的问题，不只是我们一国的问题。③

首先，他十分同情工人的遭遇，对劳动者的地位非常重视。他强调一方面要教育工人，使他们懂得躲避危险并向资本家提出要求。在五四运动时的"六三罢工"中，他在与工人们谈话中指出："天下是工人的，因为'天'字是由'工人'二字合并而成的，只要工人团结紧，泥土变成金，力量胜于

---

① 王玉波：《试析邵力子的教育思想》，载《康定民族师范高等专科学校学报》2002年第4期。
②③ 张坤：《五四时期邵力子思想研究》，华东师范大学2016年硕士学位论文。

天。"①1923年2月,京汉铁路工人大罢工被军阀吴佩孚镇压,发生"二七惨案"以后,邵力子对工人阶级的力量、作用有了更明确的认识。他说:"我们看了二月七日的惨变,更应知道中国劳动者虽是暂受摧折,而他们伟大的人格和魄力,实在足以担当革命的事业。"②但他又认为工人阶级的力量来自于"觉悟",使工人觉悟,就必须对其"灌输新思潮",即对工人进行马克思主义教育。③另一方面也要激发资本家和官僚的良心,实行工厂管理法,由此可见邵力子对资本家仍抱有希望。

其次,他支持工人罢工,建议组织工会。邵力子特别强调:"劳动运动的进步,最先的一着必为力争团结权,能力争团结权的劳工,才是真正觉悟的劳工。"④他曾发表《工人的两个好教训》《英国煤矿大罢工》和《中日间劳动界的区别》等文,号召工人组织工会,告诫工人要争取法律上的团结权,制定保护工人自己的劳动法规。⑤同时他强调要动员知识青年到工厂去开展工人运动。他认为"现在青年要注意劳动问题,当然也应当投身到工场里去,实地去做考察的工夫"⑥。到工厂里去干什么呢?有两重使命,一方面自食其力,另一方面是"唤起工人觉悟",而第二方面的使命更为重要。如何唤起工人觉悟呢?就是要向工人"慢慢地灌输思想(即马克思主义),使一般工人都明白自己的地位,互助的必要,然后待遇可以改良,时间减少"。他又说:"这些事,要望资本家觉悟,是很难的,一定要工人先有觉悟,自己起来奋斗,方才可以达到目的。"⑦⑧

邵力子的劳工思想使工人受到了阶级教育,促进了工人组织工会,提高了工人罢工斗争的自觉性,对当时的工人运动产生了重要的指导作用,对当时的工人和青年学生都产生了积极意义。

---

① 朱顺佐:《邵力子传》,花山文艺出版社1997年版,第96页。
② 傅学文:《邵力子文集》,中华书局1985年版,第889页。
③⑧ 陈卫民:《邵力子与早期上海工人运动》,载《史林》1994年第4期。
④ 傅学文:《邵力子文集》,中华书局1985年版,第828页。
⑤ 张坤:《五四时期邵力子思想研究》,华东师范大学2016年硕士学位论文。
⑥ 傅学文:《邵力子文集》,中华书局1985年版,第302页。
⑦ 傅学文:《邵力子文集》,中华书局1985年版,第298页。

梁柏台

梁柏台(公元1899年—1935年),又名越庐、月庐,字苏生,号梯云,浙江新昌人。无产阶级革命家,中华苏维埃共和国时期人民政权第一位司法部长、检察长,中国劳动改造教育感化制度的创始人,是当时中央苏区为数不多的对苏维埃法律有系统学习研究的法律人才,第一部红色宪法起草人,被中央苏区领导人称为"红色法律专家"。中华苏维埃共和国法制建设事业的领导人之一和主要制定者,被誉为人民法制和人民司法的开拓者和奠基者。作为革命时代极个别精通苏联法律和亲历苏区革命实践的重要领导干部,他领导和参与了苏区立法、司法等工作,留下了宝贵的革命法制经验。梁柏台的法制思想和司法实践为抗日战争和解放战争时期革命根据地的法制和司法建设,乃至中华人民共和国成立后的法制和司法建设,提供了重要的历史经验。

梁柏台法制思想的启蒙

1899年,梁柏台出生于浙江新昌县查林村一个贫困的农民家庭,其父母希望其日后有出人头地之日,便不顾家庭困难,极力筹资送他进私塾读书。梁柏台自小聪颖且勤奋好学,再加上在校期间深受老师灌输的反帝反封建爱国主义思想的影响,他慢慢成长为一个"所思者皆国事"、心怀改造社会的有志少年。梁柏台人生道路真正的转折点是其前往外国语学社学习俄语和马克思主义基本知识,在那里他第一次阅读了《共产党宣言》,并被其中的"共产主义"深深吸引。由此,他逐渐确立了科学社会主义的信仰,思想也逐渐向马克思主义转变。在外国语学社学习的经历为梁柏台前往苏俄作了语言准备,而马克思主义的召唤更是坚定了他要去十月革命的故乡——苏俄学习的决心。1922年,梁柏台进入莫斯科东方大学学习马克思主义基本理论并参加共产主义运动,在那里他完成了社会主义青年团员向中国共产党党员的转变。后因远东工作的需要,梁柏台结束东方大学学业,先后前往海参崴、伯力工作,担任远东华工指导员,后又被派遣至伯力省法院当审判员,从事革命法律研究和司法审判工作。他一边学习苏俄法制理论,一边运用法律知识,其在伯力的法制实践为中华苏维埃法制建设打下坚实基础。

梁柏台在中央苏区的立法实践

1931年,远赴苏联9年之久的梁柏台回到了祖国大地。此时,国内正值第一次全国苏维埃代表大会的筹备阶段,宪法尚未起草,婚姻法、土地法等法律也尚未制定,而梁柏台正好赶上了该时机,作为法律人才的梁柏台便开始了其在中央苏区的立法实践。

(一)参与起草宪法大纲

1931年,梁柏台作为红色法律专家,认真总结各革命根据地革命斗争和政权建设的经验，参考苏联宪法，并融合"宪法原则要点"精神，以主要撰写人身份参与起草了《中华苏维埃共和国宪法大纲》初稿。[①] 同年11月16日至17日，该宪法大纲初稿经宪法起草委员会讨论并修改后形成宪法大纲草案，并于18日中华苏维埃第一次全国代表大会上予以通过。该宪法大纲确立了中华苏维埃共和国的国家性质是工人和农民的民主专政国家，政权组织形式是民主集中制的工农兵代表大会制度，基本任务是彻底实现反帝反封建的革命纲领。同时宪法大纲还规定了中华苏维埃共和国公民的权利和义务、对外政策的基本方针、坚决保护少数民族和国际革命友人利益的劳动政策以及土地、财经、军事、婚姻、文教、宗教等政策。该宪法大纲是中国历史上第一部人民民主的宪法，它体现了中国人民反帝反封建的革命意志和争取民主自由的愿望，确认了人民革命斗争的成果，指明了革命发展的方向和奋斗目标，也为以后的民主建设和制宪工作提供了宝贵的历史经验。它与中国历史上的一切"约法""宪法"有本质的区别，代表了中国近代宪法发展的历史趋势，具有划时代的意义。

（二）整合和修订各类法律规范

《中华苏维埃共和国宪法大纲》的颁布，为制定一切法律、法令、条例等提供了立法原则和依据，开辟了立法前景。作为法律顾问的梁柏台，一面组织立法，一面指导立法，一面亲自立法。他整合和修订过去革命根据地零散的立法，引进苏联法制，结合中国革命实际加以发挥，把马克思列宁主义的基本原则和中国革命法律建设的具体实践相结合，促进了中华苏维埃法律体系的诞生，为苏维埃政权的正规化建设和有效运行起到了重要的作用。中央苏区制定和颁布了多部法律、条例，包括政府组织立法、选举立法、土地立法、劳动立法、财政经济立法、民政立法、民事婚姻立法、刑事审判立法、司法行政立法、文教立法等各个方面。可以说，现代社会对法制建设所要求的各方面的法令法规，苏维埃政权立法中均有涉及。

---

① 余钊飞：《梁柏台："以身付诸国"的红色法律专家》，载《民主与法制》周刊2021年第29期。

梁柏台对苏维埃司法制度的贡献

梁柏台在开展苏维埃立法活动的同时，便开始了其在中央苏区的司法工作。他吸收苏联法制经验，并根据中国革命的具体情况，着手建立起一个独特的司法体系。

（一）创立苏维埃司法机关

"司法机关过去在苏区是没有的，是中央政府成立后的创举。"[1] 为领导中华苏维埃共和国的司法行政工作，中华苏维埃共和国政府在中央人民委员会下设立中央司法人民委员会（即中央司法部），中央人民委员会副主席张国焘任部长。然而，因张国焘仍在上海工作，未能到职。至1931年12月，梁柏台被中央执行委员会任命为中央司法委员会委员，主持司法人民委员会的工作。1934年2月，在第二届中央执行委员会第一次会议上，梁柏台被任命为司法人民委员。梁柏台成为中国共产党领导下的人民政权的第一位司法部长。在其任职期间，根据中央执行委员会1931年12月13日颁布的第6号训令的精神，于1932年1月发出司法人民委员部通令，要求各地省、县、区各级苏维埃政府成立临时司法机构——裁判部，并制定了《裁判部的暂行组织及裁判条例》，该条例对裁判部的性质、组织系统、法庭之组织及审判之手续，各级裁判部的权限，检察员的工作和任务等作了具体的规定。[2] 随后，梁柏台又先后提请中央执行委员会，成立临时最高法庭以及在城市裁判科和区裁判部设立劳动法庭。至此，苏维埃司法体系的主体框架基本搭建，一个独特的司法体系初步建立起来。"苏区的司法机关从无到有，从小到大，从草创到健全，从无序到规范，其中浸透了梁柏台无数的精力和汗水。"[3]

---

[1] 梁柏台：《司法人民委员部一年来工作》（1932年10月24日），载《红色中华》第39期，1932年11月17日。
[2] 金式中：《论梁柏台对中共法制建设的贡献》，载《辽宁行政学院学报》2006年第6期。
[3] 彭光华、杨木生、宁群：《中央苏区法制建设》，中央文献出版社2009年版，第190页。

（二）确立正常的司法程序和审判制度

梁柏台在创立苏维埃司法机构的同时，确立了正常的司法程序和民主化的审判制度，坚持了正确的司法路线。首先，梁柏台批判了在中央政府成立前的肃反活动中的审讯方法，以及没有侦查、不重证据，甚至偏重肉刑、屈打成招的情况。① 他在《司法人民委员部一年来工作》中指出，"在开始成立司法机关时，就必须注意司法程序的建立"。② 为此，他通过制定颁发《中华苏维埃共和国司法程序》，对司法程序作出详细的规定，为公正、公开、效率、平等和保障人权的司法诉讼程序的建立提供了法律依据。其次，梁柏台注重民主化、群众化审判制度的构建。他指出："苏维埃法庭，就是群众的法庭，在工农群众监督之下进行工作。"审判案件要"经过群众的路线"，不是"秘密路线"。③ 为此，梁柏台积极促进公开审判、人民陪审员、巡回法庭制度以及人民调解制度的诞生。这些民主化和群众化的审判制度，保证了案件的公平客观地处理，是人民民主制度在司法工作中的充分体现。它为创建人民民主的诉讼制度奠定了重要的基础。

（三）培养专业司法人员

梁柏台在司法实践工作中充分认识到专业的司法人才队伍建设对司法工作顺利进行的重要性。他在《司法人民委员部一年来工作》中指出，目前不仅"司法机关的干部特别缺乏"，而且"裁判部一部分工作人员，缺乏工作经验，缺乏法律知识，因此在工作上常发生许多困难。造就司法工作人员，实在是一件迫切应做的事情。司法人民委员部以后应当尽量地造就司法工作人员，以充实各级裁判部的干部。"④ 为此，梁柏台采取了诸多措施，如开办司法干部训练班、选拔青年干部充实司法队伍、用边学边干的方法来提高司法干部水平等，以壮大司法干部队伍，提高司法干部素质。在梁柏台的努力下，中央苏区的司法人员队伍建设成效显著。据《中央苏区史》推算，"中央苏区仅从事司法裁判的工作人员，就约有2000~2500人，这是一支规模不小的司法干部队伍。"梁柏台培养的专业司法人员队伍，不仅为苏维埃

---

① 金式中：《论梁柏台对中共法制建设的贡献》，载《辽宁行政学院学报》2006年第6期。
②③④ 梁柏台：《司法人民委员部一年来工作》，载《红色中华报》1932年11月7日。

司法工作的创立和发展作出了重要的贡献，也为新中国司法工作的建立作了人才准备。

宪法大纲对五四宪法的影响

由梁柏台主要负责起草的《中华苏维埃共和国宪法大纲》是中国人民宪政运动史上第一部由人民当家作主，保障人民民主制度的根本大法。中华人民共和国成立后颁布的第一部社会主义宪法——"五四宪法"，正是在《中华苏维埃共和国宪法大纲》等新民主主义时期颁布的宪法文件的基础上制定的。[①] 宪法大纲所体现的社会主义理念与人民民主的原则已然融入到"五四宪法"之中。苏维埃宪法大纲作为人民宪法的雏形，对中华苏维埃共和国的国家性质、政治制度、经济制度、公民权利等作了原则性规定，这些规定对"五四宪法"产生了重大的影响。具体表现为：一是国体的继承性，从宪法大纲规定的工农民主专政到"五四宪法"的人民民主专政，国体的基本点是一致的，均是以工人阶级为领导，以工农联盟为基础；二是政体的连贯性，从宪法大纲规定的苏维埃代表大会制度到"五四宪法"的人民代表大会制度，均体现了一切权力属于人民，并贯穿了民主集中制原则；三是经济制度的延续性，从宪法大纲规定的保障工农利益的社会主义经济政策到"五四宪法"的社会主义过渡时期的经济制度，均体现了限制资本主义发展、脱离资本主义剥削的特点；四是公民权利的平等性，从宪法大纲规定的苏维埃共和国公民在苏维埃法律前一律平等到"五四宪法"的中华人民共和国公民在适用法律上一律平等，均确立了公民不分民族、种族、性别、职业、家庭出生、宗教信仰、教育程度、财产状况等，在法律面前一律平等的原则。"五四宪法"奠定了中华人民共和国的基本政治、经济与社会制度，六十多年来，虽然宪法经历多次修改，但是苏维埃宪法大纲的基本精神仍传承了下来。

---

① 参见谢一彪：《中华苏维埃宪政研究》，中央文献出版社2002年版，第80页。

后 记

绍兴是一座伟大的历史文化名城，在这片土地上名人贤达辈出！家乡诸暨是绍兴下辖的县级市，受绍兴文化影响深远。小时候读鲁迅先生的文章，看到闰土便联想起自己的玩伴，看到鲁四老爷便想起自己的爷爷，看到阿Q便想起隔壁村那个命运坎坷、半疯半癫的"才才"，看着宗族祠堂便想起了"礼教"。文化是无处不在的，绍兴文化也深深印在我心里。"耕读传家"一直是家乡优良传统，在家乡文化熏陶和祖辈们祝福之下，我一口气读了博士并做了博士后研究，彻底了解和实践了学历和学位这些"洋概念"。但思来想去，自己和挂在祠堂墙上的先辈进士们差距依然巨大，还是跳不出"有知识、没文化"的坑。值得庆幸的是我读了一个很有文化的专业，即中国法律史。2007—2010年我在中国人民大学攻读法律史博士，师从著名法学家曾宪义先生，并在赵晓耕教授等先生们的带领下，从事《中国传统法律文化》（十卷本）汇编工作，由此打下了法律文化研究基础。2012年我从中国浦东干部学院博士后工作站出站后来到杭州师范大学沈钧儒法学院任教，我就思考着在浙江这片文化厚重的土地上撰写一本《浙江法律史》。2019年我在绍兴市人民检察院挂职副检察长，时逢绍兴市司法局谋划建设"绍兴名人法律思想馆"，需要系统整理"绍兴名人法律思想"；绍兴市司法局找遍全市，也找不到"法律史"专业研究人员。时任绍兴市司法局局长王旭波同志听说我这个小学弟是"法律史"博士，便派司法局李仲辉副局长和沈金亚处长来专门和我商议如何编撰一本"绍兴名人法律思想"。我是诸暨山里人，为人豪爽且习惯说大话，一口气便应承下来。接到任务后，我和师弟范依畴博士组建了"施工队伍"，前前后后花了三年时间，终于呈现出了这本《绍兴名贤与传统法律文化》！不论质量好坏，我们算是完成了课题合同所设定的任务，也算是贯彻了诚实守信的民法精神！

千百年来，绍兴无数先贤名士，为国家、为民族、为人民，孜孜求索、矢志奋斗，为中华文明的发展提供了丰富的绍兴素材，为传统法律文化的积淀提供了精彩的绍兴故事。为弘扬法律文化，我们以时代演进为序进行编纂，最后形成本书。在本书的撰写过程中，我们坚持以下标准：第一，在地理范围上，本书中的"绍兴"是一个历史文化概念，其范围要广于作为当代行政区划的绍兴市，包含了历史上长期作为绍兴府组成部分的杭州市萧山区和宁波市所辖的余姚市。第二，在人物选择上，本书将与法律文化有关的绍兴本地名贤以及曾在绍兴生活、工作乃至其功绩在绍兴传说中的名贤均纳入其中。第三，在参考资料上，本书选取的资料与绍兴名贤具有直接关联，以保障资料的权威性、完整性、真实性。由于涉及绍兴名贤的资料卷帙浩繁，总字数在1000万字以上，我们久经淬炼终于形成本书。但由于现有资料和作者水平的有限性，决定了本书编纂中存在着种种不足。敬请读者在阅读过程中给予诚恳批评和建议，以便在下一次修订版中予以补正！

本书是绍兴市司法局与杭州师范大学共同签署的"绍兴名人法律思想研究"课题研究成果。在此，特别感谢绍兴市司法局原局长王旭波同志、黄文刚同志，绍兴市司法局梁中局长、李仲辉副局长、沈金亚处长等同志的大力支持！特别感谢中国人民大学赵晓耕教授、西北政法大学汪世荣教授、清华大学苏亦工教授、青海民族大学王立明教授、江西财经大学谢红星教授、南京师范大学吴欢副教授以及我的同事蒋铁初教授、陆永棣教授和我的挚友范晓东博士、郦煜超律师等同志的大力支持！你们在2019年11月举行的"绍兴名人法治思想暨浙东学派与中国传统治理智慧"研讨会上的真知灼见均吸收进本书。感谢我的搭档范依畴博士和中央民族大学、杭州师范大学的诸位研究生，你们的辛勤付出，才成就了此书！

四十不惑！我的所有著作都不曾离开我的家乡，无论是研究"枫桥经验"还是研究"绍兴名贤"，我都不曾忘记自己的家乡！祝愿我的家乡繁荣昌盛！

中国法律史学会理事、杭州师范大学沈钧儒法学院教授　余钊飞

2021年12月12日于家乡绍兴诸暨